LES AUTEURS GRECS

EXPLIQUÉS D'APRÈS UNE MÉTHODE NOUVELLE

PAR DEUX TRADUCTIONS FRANÇAISES

L'UNE LITTÉRALE ET JUXTALINÉAIRE PRÉSENTANT LE MOT A MOT FRANÇAIS
EN REGARD DES MOTS GRECS CORRESPONDANTS
L'AUTRE CORRECTE ET PRÉCÉDÉE DU TEXTE GREC

avec des arguments et des notes

PAR UNE SOCIÉTÉ DE PROFESSEURS

ET D'HELLÉNISTES

HOMÈRE

L'ILIADE

EXPLIQUÉ LITTÉRALEMENT
TRADUIT EN FRANÇAIS ET ANNOTÉ

PAR C. LEPRÉVOST

Troisième Chant.

PARIS
LIBRAIRIE HACHETTE ET Cie
79, BOULEVARD SAINT-GERMAIN, 79

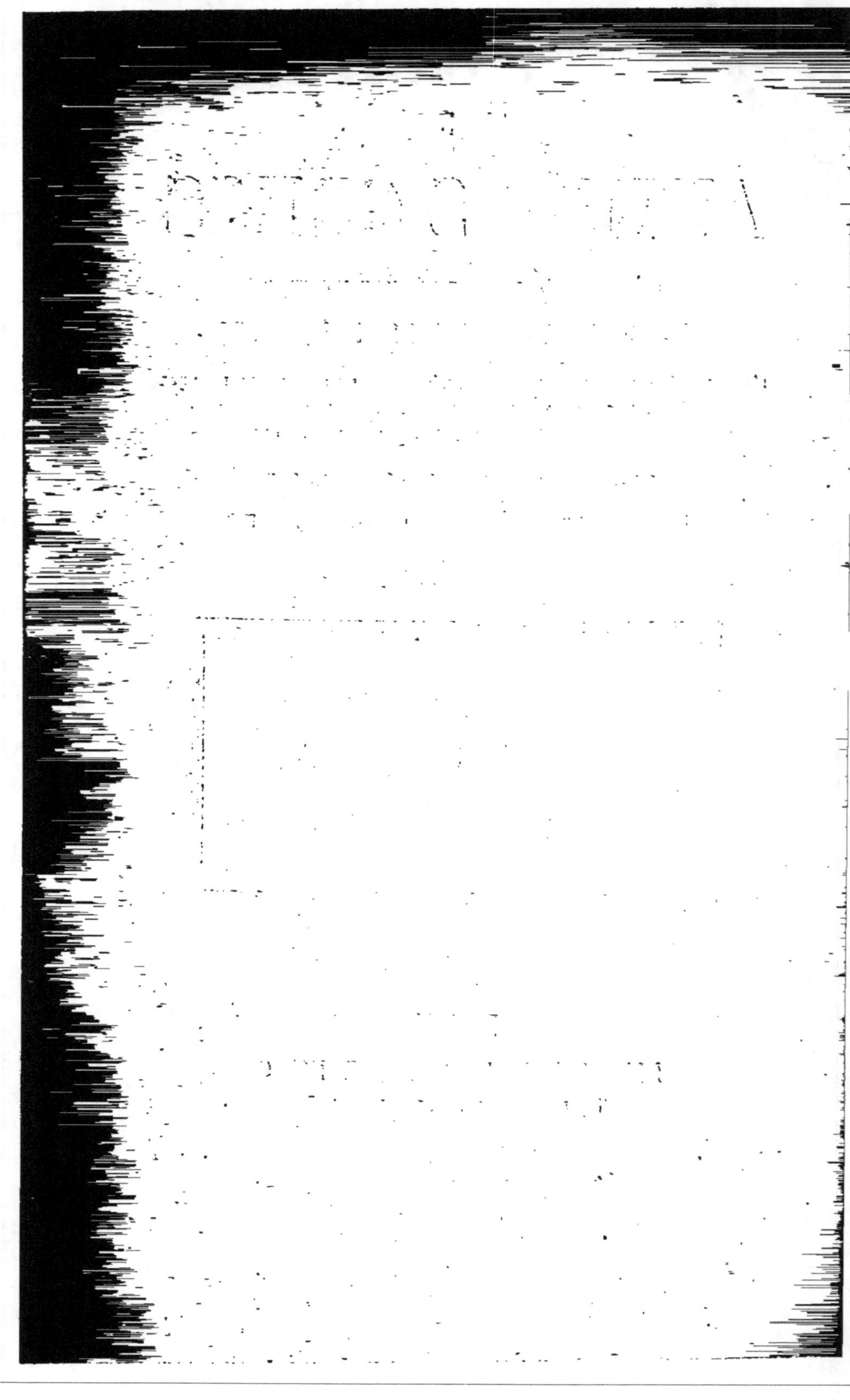

LES

AUTEURS GRECS

EXPLIQUÉS D'APRÈS UNE MÉTHODE NOUVELLE

PAR DEUX TRADUCTIONS FRANÇAISES

Ce troisième chant de l'Iliade a été expliqué, traduit et annoté par M. C. Leprévost, ancien professeur au lycée Condorcet.

40271. — Imprimerie Lahure, 9, rue de Fleurus, à Paris.

LES
AUTEURS GRECS

EXPLIQUÉS D'APRÈS UNE MÉTHODE NOUVELLE

PAR DEUX TRADUCTIONS FRANÇAISES

L'UNE LITTÉRALE ET JUXTALINÉAIRE PRÉSENTANT LE MOT A MOT FRANÇAIS
EN REGARD DES MOTS GRECS CORRESPONDANTS
L'AUTRE CORRECTE ET PRÉCÉDÉE DU TEXTE GREC

avec des arguments et des notes

PAR UNE SOCIÉTÉ DE PROFESSEURS
ET D'HELLÉNISTES

HOMÈRE

TROISIÈME CHANT DE L'ILIADE

PARIS
LIBRAIRIE HACHETTE ET Cie
79, BOULEVARD SAINT-GERMAIN, 79

1899

AVIS

RELATIF A LA TRADUCTION JUXTALINÉAIRE

On a réuni par des traits les mots français qui traduisent un seul mot grec.

On a imprimé en *italique* les mots qu'il était nécessaire d'ajouter pour rendre intelligible la traduction littérale, et qui n'ont pas leur équivalent dans le grec.

Enfin, les mots placés entre parenthèses, dans le français, doivent être considérés comme une seconde explication, plus intelligible que la version littérale.

ARGUMENT ANALYTIQUE

DU TROISIEME CHANT DE L'ILIADE.

Les deux armées s'avancent l'une contre l'autre. — Pâris à la tête des Troyens provoque les plus braves des Grecs au combat.—Ménélas brûle de le joindre ; mais à son aspect, Pâris épouvanté cherche un refuge dans les rangs des Troyens.—Reproches et malédictions d'Hector. — Réponse de Pâris ; il propose de soutenir contre Ménélas un combat singulier dont Hélène sera le prix. — Hector, plein de joie, porte le défi de son frère au héros Grec.—Discours de Ménélas.—On prépare les sacrifices.—Cependant Iris, prenant la figure de Laodice, va trouver Helène, et lui annonce les dispositions des deux armées. — Hélène se rend aux portes de Scées, où elle trouve l'assemblée des vieillards troyens, qui font l'éloge de sa beauté.—Elle désigne à Priam les principaux chefs des grecs.—Portraits d'Agamemnon, d'Ulysse, de Ménélas et d'Ajax, parmi lesquels Hélène regrette de ne point voir Castor et Pollux, ses frères.—Sur l'avis du hérant Idéus, Priam se rend avec Anténor au milieu des deux armées.—Agamemnon se lève, appelle la colère des dieux sur les parjures, et sacrifie.—Discours de Priam, qui retourne vers Ilion pour n'être pas témoin d'une lutte dont un de ses fils peut tomber victime.—Apprêts et chances diverses du combat.—Pâris va succomber, quand Vénus l'enlève aux coups de Ménélas, le transporte dans la chambre nuptiale, et lui fait oublier sa défaite dans les bras d'Hélène, qui résiste d'abord, et cède enfin à la puissance de la déesse.—Cependant Ménélas cherche en vain son rival ; et Agamemnon réclame pour son frère le prix de sa victoire.

ΟΜΗΡΟΥ

ΙΛΙΑΔΟΣ

ΡΑΨΩΔΙΑ Γ.

ΟΡΚΟΙ. ΤΕΙΧΟΣΚΟΠΙΑ. ΑΛΕΞΑΝΔΡΟΥ ΚΑΙ ΜΕΝΕΛΑΟΥ ΜΟΝΟΜΑΧΙΑ.

Αὐτὰρ ἐπεὶ κόσμηθεν ἅμ' ἡγεμόνεσσιν ἕκαστοι,
Τρῶες μὲν κλαγγῇ τ' ἐνοπῇ τ' ἴσαν, ὄρνιθες ὥς·
ἠΰτε περ κλαγγὴ γεράνων πέλει οὐρανόθι πρὸ,
αἵτ', ἐπεὶ οὖν χειμῶνα φύγον καὶ ἀθέσφατον ὄμβρον,
κλαγγῇ ταίγε πέτονται ἐπ' Ὠκεανοῖο ῥοάων,
ἀνδράσι Πυγμαίοισι[1] φόνον καὶ Κῆρα φέρουσαι·
ἠέριαι δ' ἄρα ταίγε κακὴν ἔριδα προφέρονται·
οἱ δ' ἄρ' ἴσαν σιγῇ μένεα πνείοντες Ἀχαιοὶ,
ἐν θυμῷ μεμαῶτες ἀλεξέμεν ἀλλήλοισιν.
Εὖτ' ὄρεος κορυφῇσι Νότος κατέχευεν ὀμίχλην,
ποιμέσιν οὔτι φίλην, κλέπτῃ δέ τε νυκτὸς ἀμείνω,

Lors donc qu'ils se furent rangés, chaque peuple sous les ordres de ses chefs, les Troyens s'avancèrent avec des cris affreux, comme des oiseaux; telles les clameurs des grues sous la voûte du ciel, lorsque fuyant l'hiver et les pluies cruelles, elles volent avec des cris aigus au-dessus des flots de l'Océan, et, portant aux Pygmées le carnage et la mort, leur livrent du haut des airs de funestes combats. Les Achéens au contraire marchaient en silence; ils respiraient la fureur et brûlaient dans leur cœur de se prêter un mutuel appui.

Comme sur les sommets d'une montagne le Notus répand d'épaisses vapeurs, odieuses au berger, mais plus favorables que la nuit elle-même aux entreprises du voleur; car la vue ne s'étend pas au delà

L'ILIADE

D'HOMÈRE.

CHANT III

SERMENTS. — VUE DU HAUT DES REMPARTS. —COMBAT SINGULIER DE PARIS ET DE MÉNÉLAS.

Αὐτὰρ ἐπεὶ κόσμηθεν	Ensuite quand ils furent rangés
ἕκαστοι ἅμα ἡγεμόνεσσι,	chacun avec *leurs* chefs,
Τρῶες μὲν ἴσαν	les Troyens d'un côté allèrent
κλαγγῇ τε ἐνοπῇ τε,	avec et cris et clameurs,
ὥς ὄρνιθες·	comme des oiseaux :
ἠΰτε περ κλαγγὴ γεράνων	comme du moins le cri des grues
πέλει πρὸ οὐρανόθι,	est devant le ciel,
αἵτε οὖν,	lesquelles-aussi donc,
ἐπεὶ φύγον χειμῶνα	lorsqu'elles ont fui l'hiver
καὶ ὄμβρον ἀθέσφατον,	et la pluie inexprimable (abondante),
ταίγε πέτονται κλαγγῇ	celles-ci du moins volent avec cris
ἐπὶ ῥοάων Ὠκεανοῖο,	au-dessus des courants de l'Océan,
φέρουσαι φόνον καὶ Κῆρα	portant le meurtre et la Parque
ἀνδράσι Πυγμαίοισιν·	aux hommes Pygmées;
ταίγε δὲ ἄρα ἠέριαι	or elles-du-moins donc aériennes
προφέρονται ἔριδα κακήν·	*leur* apportent une querelle funeste;
οἱ Ἀχαιοὶ δὲ ἄρα	les Achéens de l'autre côté donc
ισαν σιγῇ	allèrent en silence
πνείοντες μένεα,	respirant la fureur,
μεμαῶτες ἐν θυμῷ	désirant-ardemment dans *leur* cœur
ἀλεξέμεν ἀλλήλοισιν.	secourir les uns les autres.
Εὖτε Νότος	Comme le Notus
κατέχευε κορυφῇσιν ὄρεος	a versé sur les sommets d'un mont
ὀμίχλην,	un brouillard-épais,
φίλην οὔτι ποιμέσιν,	ami en rien aux bergers,
ἀμείνω δέ τε νυκτὸς	mais meilleur même que la nuit
κλέπτῃ,	pour le voleur,

τόσσον τίς τ' ἐπιλεύσσει ὅσον τ' ἐπὶ λᾶαν ἵησιν·
ὣς ἄρα τῶν ὑπὸ ποσσὶ κονίσαλος ὤρνυτ' ἀελλὴς
ἐρχομένων· μάλα δ' ὦκα διέπρησσον πεδίοιο.
Οἱ δ' ὅτε δὴ σχεδὸν ἦσαν, ἐπ' ἀλλήλοισιν ἰόντες,
Τρωσὶν μὲν προμάχιζεν Ἀλέξανδρος θεοειδής,
παρδαλέην ὤμοισιν ἔχων καὶ καμπύλα τόξα
καὶ ξίφος· αὐτὰρ ὁ δοῦρε δύω κεκορυθμένα χαλκῷ
πάλλων, Ἀργείων προκαλίζετο πάντας ἀρίστους
ἀντίβιον μαχέσασθαι ἐν αἰνῇ δηϊοτῆτι.
Τὸν δ' ὡς οὖν ἐνόησεν Ἀρηΐφιλος Μενέλαος,
ἐρχόμενον προπάροιθεν ὁμίλου, μακρὰ βιβῶντα,
ὥστε λέων ἐχάρη μεγάλῳ ἐπὶ σώματι κύρσας,
εὑρὼν ἢ ἔλαφον κεραὸν ἢ ἄγριον αἶγα,
πεινάων· μάλα γάρ τε κατεσθίει, εἴπερ ἂν αὐτὸν
σεύωνται ταχέες τε κύνες θαλεροί τ' αἰζηοί·
ὣς ἐχάρη Μενέλαος, Ἀλέξανδρον θεοειδέα
ὀφθαλμοῖσιν ἰδών· φάτο γὰρ τίσεσθαι ἀλείτην·

d'un jet de pierre : ainsi s'élevaient des tourbillons de poussière sous les pieds des guerriers qui s'avançaient, et traversaient rapidement la plaine.

A peine les deux armées, marchant l'une contre l'autre, furent-elles en présence, qu'à la tête des Troyens on vit combattre Pâris aux formes divines ; il portait sur ses épaules une peau de léopard, un arc recourbé et une épée ; et, brandissant deux javelots armés d'airain, il provoquait tous les plus braves des Argiens à se mesurer avec lui dans un combat terrible.

Ménélas, héros cher à Mars, l'aperçut aussitôt s'avançant à grands pas en avant de l'armée ; et, tel se réjouit un lion, quand il a rencontré quelque énorme proie, qu'il a trouvé soit un cerf aux cornes superbes, soit une chèvre sauvage, et qu'affamé il la dévore avec avidité, malgré la poursuite et des chiens rapides et des ardents chasseurs ; tel Ménélas se réjouit, quand Pâris aux formes divines s'offrit

τίς τε ἐπιλεύσσει τόσσον	et chacun aperçoit aussi-loin
ὅσον τε ἐφίησι λᾶαν·	que-loin aussi il jette une pierre ;
ἄρα κονίσαλος	donc une poussière
ἀελλὴς	pareille-aux-tourbillons-d'un-orage
ὤρνυτο ὣς ὑπὸ ποσσὶ	s'élevait ainsi sous les pieds
τῶν ἐρχομένων·	d'eux allant ;
διέπρησσον δὲ πεδίοιο	et ils traversaient la plaine
μάλα ὦκα.	très-vite.
Ὅτε δὲ δὴ οἱ ἦσαν σχεδὸν	Or quand donc eux furent près
ἰόντες ἐπὶ ἀλλήλοισιν,	allant les uns contre les autres,
Ἀλέξανδρος μὲν θεοειδὴς	d'un côté Pâris à-la-forme-divine
προμάχιζε Τρωσὶν,	combattait-en-avant des Troyens,
ἔχων ὤμοισι	ayant sur les épaules
παρδαλέην	une peau-de-léopard,
καὶ τόξα καμπύλα καὶ ξίφος·	et un arc recourbé, et une épée ;
αὐτὰρ ὁ πάλλων δύω δοῦρε	puis lui brandissant deux lances
κεκορυθμένα χαλκῷ,	armées d'airain,
προκαλίζετο πάντας ἀρίστους	provoquait tous les meilleurs
Ἀργείων,	des Argiens,
μαχέσασθαι ἀντίβιον	à combattre en-face
ἐν δηϊοτῆτι αἰνῇ.	dans un combat terrible.
Ὡς δὲ οὖν Μενέλαος	Or lorsque donc Ménélas
Ἀρηΐφιλος	cher-à-Mars
ἐνόησε τὸν ἐρχόμενον	aperçut lui venant
προπάροιθεν ὁμίλου,	en-avant d'une foule,
βιβῶντα μακρὰ,	marchant grandement,
ὥστε λέων ἐχάρη,	comme un lion s'est réjoui,
κύρσας ἐπὶ σώματι μεγάλῳ,	ayant rencontré un corps grand,
εὑρὼν ἢ ἔλαφον κεραὸν,	ayant trouvé ou un cerf cornu,
ἢ αἶγα ἄγριον,	ou une chèvre sauvage,
πεινάων·	*lui-même* ayant faim :
κατεσθίει τε γὰρ μάλα,	car et il *les* dévore beaucoup,
εἴπερ κύνες τε ταχέες	si-même et des chiens prompts
αἰζηοί τε θαλεροὶ	et des jeunes gens florissants
ἂν σεύωνται αὐτόν·	viennent-à-s'élancer *après* lui ;
Μενέλαος ἐχάρη ὣς,	Ménélas se réjouit ainsi,
ἰδὼν ὀφθαλμοῖσιν	ayant vu de *ses* yeux
Ἀλέξανδρον θεοειδέα·	Pâris à-la-forme divine ;
φάτο γὰρ τίσεσθαι	car il se disait devoir punir
ἀλείτην·	le coupable :

αὐτίκα δ' ἐξ ὀχέων σὺν τεύχεσιν ἆλτο χαμᾶζε.
Τὸν δ' ὡς οὖν ἐνόησεν Ἀλέξανδρος θεοειδὴς,
ἐν προμάχοισι φανέντα, κατεπλήγη φίλον ἦτορ·
ἂψ δ' ἑτάρων εἰς ἔθνος ἐχάζετο, Κῆρ' ἀλεείνων.
Ὡς δ' ὅτε τίς τε δράκοντα ἰδὼν παλίνορσος ἀπέστη
οὔρεος ἐν βήσσης, ὑπό τε τρόμος ἔλλαβε γυῖα,
ἄψ τ' ἀνεχώρησεν, ὦχρός τέ μιν εἷλε παρειάς·
ὣς αὖτις καθ' ὅμιλον ἔδυ Τρώων ἀγερώχων,
δείσας Ἀτρέος υἱὸν Ἀλέξανδρος θεοιδής.
Τὸν δ' Ἕκτωρ νείκεσσεν ἰδὼν αἰσχροῖς ἐπέεσσι·
« Δύσπαρι, εἶδος ἄριστε, γυναιμανὲς, ἠπεροπευτά!
αἴθ' ὄφελες ἄγονός τ' ἔμεναι, ἄγαμός τ' ἀπολέσθαι!
καί κε τὸ βουλοίμην, καί κεν πολὺ κέρδιον ἦεν,
ἢ οὕτω λώβην τ' ἔμεναι καὶ ὑπόψιον ἄλλων.
Ἦ που καγχαλόωσι καρηκομόωντες Ἀχαιοὶ,
φάντες ἀριστῆα πρόμον ἔμμεναι, οὕνεκα καλὸν

à ses yeux : car il se flattait de punir le coupable. Aussitôt il se précipite de son char à terre, avec ses armes.

Cependant, dès que Pâris aux formes divines le vit paraître à la tête des combattants, l'effroi glaça son cœur; et déjà il cherchait parmi la foule de ses compagnons un refuge contre la mort. Semblable au voyageur, qui, à l'aspect d'un affreux serpent dans les halliers d'une montagne, se détourne, recule, et revient précipitamment sur ses pas, le frisson dans les membres et la pâleur sur les joues, Pâris aux formes divines se replongeait dans la foule compacte des fiers Troyens, frappé d'épouvante à la vue du fils d'Atrée.

Mais Hector l'aperçut, et il l'accabla de ces humiliantes paroles : « Misérable Pâris, Pâris aux formes trop belles, amant passionné de toutes les femmes, vil séducteur! plût au ciel que tu ne fusses jamais né, ou que tu fusses mort sans hymen! Oui, plût au ciel qu'il en fût ainsi; ce sort ne valait-il pas mille fois mieux que d'être pour tous un objet de honte et de mépris? Sans doute ils rient aux éclats, ces Achéens à la longue chevelure, qui te croyaient un vaillant champion, à voir la beauté de tes formes, quand tu n'as dans le cœur ni

αὐτίκα δὲ σὺν τεύχεσιν	or aussitôt avec *ses* armes
ἅλτο χαμᾶζε ἐξ ὀχέων.	il sauta à terre de *son* char.
Ἀλέξανδρος δὲ θεοειδὴς	Mais Pâris à-la-forme-divine
ὡς οὖν ἐνόησε	lorsque donc il aperçut
τὸν φανέντα	lui ayant paru
ἐν προμάχοισι,	parmi ceux-combattant-en-avant.
κατεπλήγη φίλον ἦτορ·	fut frappé *quant à* son cœur :
ἀλεείνων δὲ Κῆρα	et cherchant-à-éviter la Parque
ἐχάζετο ἄψ	il se retirait en arrière
εἰς ἔθνος ἑτάρων.	vers le peuple de *ses* compagnons.
Ὡς δὲ ὅτε τίς τε	Or comme quand quelqu'un aussi
ἰδὼν δράκοντα	ayant vu un dragon
ἀπέστη παλίνορσος	s'est éloigné s'élançant-en-arrière
ἐν βήσσης οὔρεος,	dans les halliers d'une montagne,
τρόμος τε	et le tremblement
ὑπέλλαβε γυῖα,	a pris-en-dessous *ses* membres,
ἀνεχώρησέ τε ἄψ,	et il s'est retiré en arrière,
ὠχρός τε εἷλέ μιν παρειάς·	et la pâleur a pris lui *quant* aux joues;
Ἀλέξανδρος θεοειδὴς	Pâris à-la-forme-divine
ἔδυ ὡς αὖτις	s'enfonça ainsi en arrière
κατὰ ὅμιλον Τρώων ἀγερώχων,	à travers la foule des Troyens fiers,
δείσας υἱὸν Ἀτρέος.	ayant craint le fils d'Atrée.
Ἕκτωρ δὲ ἰδὼν	Or Hector *l*'ayant vu
νείκεσσε τὸν ἐπέεσσιν αἰσχροῖς·	insulta lui par des mots honteux :
« Δύσπαρι,	« Misérable-Pâris,
ἄριστε εἶδος,	très-excellent de forme,
γυναιμανὲς,	passionné-pour-les-femmes,
ἠπεροπευτὰ,	imposteur,
αἴθε ὄφελες	tu aurais bien dû
ἔμεναί τε ἄγονος	et être non-enfanté
ἀπολέσθαι τε ἄγαμος.	et avoir péri non-marié!
Καί κε βουλοίμην,	Et je voudrais ceci,
τὸ καί κεν ἦε πολὺ κέρδιον,	et c'eût été beaucoup plus profitable,
ἢ ἔμεναι οὕτω λώβην τε	que d'être ainsi et l'affront
καὶ ὑπόψιον ἄλλων.	et l'objet-de-soupçons des autres.
Ἦ Ἀχαιοὶ καρηκομόωντες	Certes les Achéens chevelus
καγχαλόωσί που,	rient-aux-éclats sans doute,
φάντες ἔμμεναι	s'étant dit *toi* être
πρόμον ἀριστῆα,	un champion vaillant,
οὕνεκα εἶδος καλὸν ἔπι·	parcequ'une forme belle est à *toi*;

εἶδος ἔπ'· ἀλλ' οὐκ ἔστι βίη φρεσὶν, οὐδέ τις ἀλκή.
Ἦ τοιόσδε ἐὼν, ἐν ποντοπόροισι νέεσσι
πόντον ἐπιπλώσας, ἑτάρους ἐρίηρας ἀγείρας,
μιχθεὶς ἀλλοδαποῖσι, γυναῖκ' εὐειδέ' ἀνῆγες
ἐξ ἀπίης γαίης, νυὸν ἀνδρῶν αἰχμητάων,
πατρί τε σῷ μέγα πῆμα, πόληΐ τε, παντί τε δήμῳ,
δυσμενέσιν μὲν χάρμα, κατηφείην δὲ σοὶ αὐτῷ;
Οὐκ ἂν δὴ μείνειας Ἀρηΐφιλον Μενέλαον;
γνοίης χ' οἵου φωτὸς ἔχεις θαλερὴν παράκοιτιν.
Οὐκ ἄν τοι χραίσμῃ κίθαρις, τά τε δῶρ' Ἀφροδίτης,
ἥ τε κόμη, τό τε εἶδος, ὅτ' ἐν κονίῃσι μιγείης.
Ἀλλὰ μάλα Τρῶες δειδήμονες· ἦ τέ κεν ἤδη
λάϊνον ἕσσο χιτῶνα[1], κακῶν ἕνεχ' ὅσσα ἔοργας. »
Τὸν δ' αὖτε προσέειπεν Ἀλέξανδρος θεοειδής·
« Ἕκτορ (ἐπεί με κατ' αἶσαν ἐνείκεσας, οὐδ' ὑπὲρ αἶσαν),
αἰεί τοι κραδίη, πέλεκυς ὥς, ἐστὶν ἀτειρής,
ὅστ' εἶσιν διὰ δουρὸς ὑπ' ἀνέρος, ὅς ῥά τε τέχνῃ

force, ni courage! Et c'est toi, toi si lâche, qui traversas les mers sur de rapides vaisseaux, qui, après avoir réuni des compagnons dévoués, te mêlas à des étrangers, et ramenas d'une terre lointaine une femme éclatante de beauté, l'épouse d'un valeureux guerrier, pour la ruine de ton père, de ta patrie et de tout ton peuple, pour le triomphe de nos ennemis et pour ta honte, à toi! Ah! que n'attendais-tu Ménélas, héros cher à Mars? Tu saurais de quel mortel tu possèdes la jeune épouse; rien ne t'eût protégé, ni ta lyre, ni les dons de Vénus, ni ta chevelure, ni ta beauté, quand tu aurais été roulé dans la poussière. Oui, les Troyens sont trop timides; sinon, revêtu depuis long-temps d'une tunique de pierre, tu eusses expié les maux que tu nous a faits. »

Pâris aux formes divines lui répondit : « Hector, tes reproches, je les ai mérités, ils n'ont rien d'injuste; ton cœur, à toi, est toujours indomptable, comme la hache qui pénètre dans le chêne sous la main

ἀλλὰ βίη οὐδέ τις ἀλκὴ
οὐκ ἔστι φρεσίν.
Ἦ ἐὼν τοιόςδε,
ἐπιπλώσας πόντον
ἐν νέεσσι ποντοπόροισιν,
ἀγείρας ἑτάρους
ἐρίηρας,
μιχθεὶς ἀλλοδαποῖσιν,
ἀνῆγες ἐκ γαίης ἀπίης
γυναῖκα εὐειδέα,
νυὸν ἀνδρῶν αἰχμητάων,
πῆμα μέγα
σῷ τε πατρὶ, πόληΐ τε,
παντί τε δήμῳ,
χάρμα μὲν δυσμενέσι,
κατηφείην δὲ σοὶ αὐτῷ;
Οὐκ ἂν μείνειας δὴ
Μενέλαον Ἀρηΐφιλον;
γνοίης κε οἵου φωτὸς
ἔχεις παράκοιτιν θαλερήν.
Κίθαρις, τά τε δῶρα Ἀφροδίτης,
ἥ τε κόμη, τό τε εἶδος,
οὐκ ἂν χραίσμῃ τοι,
ὅτε μιγείης
ἐν κονίῃσιν.
Ἀλλὰ Τρῶες μάλα δειδήμονες·
ἦ τε ἤδη
κὲν ἕσσο
χιτῶνα λάϊνον,
ἕνεκα κακῶν,
ὅσσα ἔοργας. »
Ἀλέξανδρος δὲ θεοειδὴς
προσέειπε τὸν αὖτε· »
« Ἕκτορ (ἐπεὶ ἐνείκεσάς με
κατὰ αἶσαν,
οὐδὲ ὑπὲρ αἶσαν),
κραδίη ἐστὶν αἰεί τοι
ἀτειρὴς, ὥς πέλεκυς,
ὅστε εἶσι διὰ δουρὸς
ὑπὸ ἀνέρος,

mais *ni* vigueur ni quelque force
n'est à *ton* âme.
Est-ce-que étant tel,
ayant navigué-sur mer
dans des vaisseaux passant-la-mer,
ayant réuni des compagnons
bien-unis *à toi*,
ayant été mêlé à des étrangers,
tu emmenais d'une terre-éloignée
une femme à-la-belle-forme,
jeune-épouse d'hommes belliqueux,
malheur immense
et pour ton père et pour *ta* ville
et pour tout un peuple,
joie d'une part pour les ennemis,
honte d'autre part pour toi-même?
N'aurais-tu-pas-dû-attendre certes
Ménélas cher-à-Mars?
tu aurais connu de quel mortel
tu as l'épouse florissante.
Ta lyre, et les dons de Vénus,
et *ta* chevelure, et *ta* forme,
n'auraient pas servi à toi,
lorsque tu aurais été mêlé (roulé)
dans la poussière.
Mais les Troyens *sont* très timides;
sans quoi certes aussi déjà
tu aurais revêtu
une tunique de-pierres
à cause des maux,
autant-que tu *en* as fait. »
Or Pâris à-la-forme-divine
dit à lui à son tour :
« Hector, puisque tu as insulté moi
selon la justice,
et non au delà de la justice,
le cœur est toujours à toi
indomptable comme une hache,
laquelle va à travers le bois
poussée par un homme,

νήϊον ἐκτάμνῃσιν, ὀφέλλει δ' ἀνδρὸς ἐρωήν·
ὥς τοι ἐνὶ στήθεσσιν ἀτάρβητος νόος ἐστί.
Μή μοι δῶρ' ἐρατὰ πρόφερε χρυσέης Ἀφροδίτης·
οὔτοι ἀπόβλητ' ἐστὶ θεῶν ἐρικυδέα δῶρα,
ὅσσα κεν αὐτοὶ δῶσιν, ἑκὼν δ' οὐκ ἄν τις ἕλοιτο.
Νῦν αὖτ', εἴ μ' ἐθέλεις πολεμίζειν ἠδὲ μάχεσθαι,
ἄλλους μὲν κάθισον Τρῶας καὶ πάντας Ἀχαιούς,
αὐτὰρ ἔμ' ἐν μέσσῳ καὶ Ἀρηΐφιλον Μενέλαον
συμβάλετ' ἀμφ' Ἑλένῃ καὶ κτήμασι πᾶσι μάχεσθαι·
ὁππότερος δέ κε νικήσῃ κρείσσων τε γένηται,
κτήμαθ' ἑλὼν εὖ πάντα γυναῖκά τε, οἴκαδ' ἀγέσθω·
οἱ δ' ἄλλοι, φιλότητα καὶ ὅρκια πιστὰ ταμόντες,
ναίοιτε Τροίην ἐριβώλακα· τοὶ δὲ νεέσθων
Ἄργος ἐς ἱππόβοτον καὶ Ἀχαιΐδα καλλιγύναικα.»
Ὣς ἔφαθ'· Ἕκτωρ δ' αὖτ' ἐχάρη μέγα, μῦθον ἀκούσας,

de l'habile ouvrier, et qui, secondant ses efforts, sépare de ses racines le tronc destiné aux navires ; telle est dans ta poitrine ton âme intrépide. Mais ne me reproche pas, à moi, les aimables dons de la belle Vénus ; non certes, ils ne sont point à rejeter, les dons glorieux des dieux, ces dons qu'eux seuls peuvent accorder, et que nul ne saurait s'arroger par sa volonté propre. Au reste, si tu veux que je combatte, que je soutienne une lutte terrible, fais à l'instant ranger de nouveau les Troyens et tous les Achéens ; puis mettez aux prises entre les deux armées et moi et Ménélas, ce héros cher à Mars ; et que nous combattions pour Hélène et pour tous ses trésors. Quel que soit celui des deux que favorise la victoire, qu'il prenne avec lui cette femme et tous ses trésors, et qu'il les emmène dans ses foyers ; que les autres cimentent par le sang des victimes une alliance fidèle, et qu'ils retournent, vous, dans la fertile Troie, eux à Argos, ville féconde en coursiers, et dans l'Achaïe aux belles femmes. »

Il dit ; et ces paroles remplirent de joie l'âme d'Hector. Soudain ce

ὅς ῥά τε ἐκτάμνῃσι	lequel certes aussi coupe
τέχνῃ νήϊον,	avec-art du bois-à-navires,
ὀφέλλει δὲ	et elle aide
ἐρωὴν ἀνδρός·	l'impétuosité de l'homme;
νόος ἀτάρβητος	un esprit intrépide
ἐστὶν ὥς τοι ἐνὶ στήθεσσι.	est ainsi à toi dans la poitrine.
Μὴ πρόφερέ μοι	Ne reproche pas à moi
δῶρα ἐρατὰ	les dons aimables
Ἀφροδίτης χρυσέης·	de Vénus dorée;
δῶρα ἐρικυδέα θεῶν	les dons très-glorieux des dieux
οὔ τοι ἐστὶν ἀπόβλητα,	certes ne sont pas à-rejeter,
ὅσσα αὐτοὶ	tous-ceux-que eux-mêmes
κὲν δῶσιν,	auront pu-donner,
τὶς δὲ οὐκ ἂν ἕλοιτο	et *que* quelqu'un n'aurait pas pris
ἑκών.	de-son-seul-gré.
Νῦν αὖτε εἰ ἐθέλεις	Maintenant de nouveau si tu veux
με πολεμίζειν ἠδὲ μάχεσθαι,	moi guerroyer et combattre,
κάθισον μὲν	fais-placer d'une part
ἄλλους Τρῶας	les autres Troyens
καὶ πάντας Ἀχαιούς,	et tous les Achéens,
αὐτὰρ συμβάλετε ἐν μέσσῳ	puis mettez-aux-prises au milieu
ἐμὲ καὶ Μενέλαον Ἀρηΐφιλον	moi et Ménélas cher-à-Mars
μάχεσθαι ἀμφὶ Ἑλένῃ	pour combattre au sujet d'Hélène
καὶ πᾶσι κτήμασιν·	et toutes *ses* possessions;
ὁππότερος δέ κε νικήσῃ	et celui-des-deux-qui aura vaincu
γένηταί τε κρείσσων,	et sera devenu supérieur,
ἑλὼν εὖ	ayant pris bien
πάντα κτήματα γυναῖκά τε,	toutes les possessions et la femme,
ἀγέσθω οἴκαδε·	qu'il *les* emporte chez-lui;
οἱ ἄλλοι δὲ	puis *vous* les autres,
ταμόντες φιλότητα	ayant taillé une amitié
καὶ ὅρκια πιστὰ,	et des gages-de-foi sûrs,
ναίοιτε Τροίην	que vous retourniez à Troie
ἐριβώλακα·	aux-larges-mottes-de-terre;
τοὶ δὲ νεέσθων	eux ensuite qu'ils retournent
ἐς Ἄργος ἱππόβοτον	à Argos nourrissant-des-chevaux
καὶ Ἀχαιΐδα καλλιγύναικα.»	et dans l'Achaïe aux-belles-femmes.
Φάτο ὥς·	Il dit ainsi;
Ἕκτωρ δὲ αὖτε	or Hector de son côté
ἀκούσας μῦθον	ayant entendu *ce* discours

καί ῥ' ἐς μέσσον ἰὼν, Τρώων ἀνέεργε φάλαγγας,
μέσσου δουρὸς ἑλών· τοὶ δ' ἱδρύνθησαν ἅπαντες.
Τῷ δ' ἐπετοξάζοντο καρηκομόωντες Ἀχαιοὶ,
ἰοῖσίν τε τιτυσκόμενοι λάεσσί τ' ἔβαλλον.
Αὐτὰρ ὁ μακρὸν ἄϋσεν ἄναξ ἀνδρῶν Ἀγαμέμνων·
« Ἴσχεσθ', Ἀργεῖοι, μὴ βάλλετε, κοῦροι Ἀχαιῶν·
στεῦται γάρ τι ἔπος ἐρέειν κορυθαίολος Ἕκτωρ. »
Ὣς ἔφαθ'· οἱ δ' ἔσχοντο μάχης, ἄνεῴ τ' ἐγένοντο
ἐσσυμένως· Ἕκτωρ δὲ μετ' ἀμφοτέροισιν ἔειπε·
« Κέκλυτέ μευ, Τρῶες καὶ ἐϋκνήμιδες Ἀχαιοὶ,
μῦθον Ἀλεξάνδροιο, τοῦ εἵνεκα νεῖκος ὄρωρεν.
Ἄλλους μὲν κέλεται Τρῶας καὶ πάντας Ἀχαιοὺς
τεύχεα κάλ' ἀποθέσθαι ἐπὶ χθονὶ πουλυβοτείρῃ·
αὐτὸν δ' ἐν μέσσῳ καὶ Ἀρηΐφιλον Μενέλαον
οἴους ἀμφ' Ἑλένῃ καὶ κτήμασι πᾶσι μάχεσθαι·
ὁππότερος δέ κε νικήσῃ κρείσσων τε γένηται,
κτήμαθ' ἑλὼν εὖ πάντα γυναῖκά τε, οἴκαδ' ἀγέσθω·

héros s'élance entre les deux armées, et, saisissant sa lance par le milieu, il retient les phalanges troyennes, qui s'arrêtent aussitôt. Cependant les Achéens à la longue chevelure faisaient pleuvoir sur lui une grêle de traits et de pierres, quand le roi des hommes, Agamemnon, élevant la voix :

« Arrêtez, Argiens, s'écrie-t-il; ne frappez point, fils des Achéens car Hector au casque brillant semble vouloir nous parler. »

Ces mots firent cesser le combat, et un profond silence s'étant promptement rétabli, Hector s'adressa aux deux armées en ces termes :

« Entendez de ma bouche, Troyens, et vous, Achéens aux belles cnémides, les propositions de Pâris, l'auteur de cette guerre. Il demande que tous, Troyens et Achéens, vous déposiez sur la terre fertile vos armes brillantes, et qu'entre les deux armées Ménélas et lui combattent seuls pour Hélène et pour tous ses trésors; que celui des deux, quel qu'il soit, qu'aura favorisé la victoire, prenne avec lui cette femme et tous ses trésors, et les emmène dans ses foyers; que

ἐχάρη μέγα,	fut réjoui grandement,
καί ῥα ἰὼν ἐς μέσσον,	et donc allant au milieu
ἀνέεργε φάλαγγας Τρώων,	il arrêta les phalanges des Troyens.
ἑλὼν δουρὸς μέσσου·	ayant pris *sa* lance au-milieu ;
τοὶ δὲ ἱδρύνθησαν ἅπαντες.	or eux s'arrêtèrent tous.
Ἀχαιοὶ δὲ καρηκομόωντες	Cependant les Achéens chevelus
ἐπετοξάζοντο τῷ,	lançaient-des-traits-sur lui,
ἔβαλλόν τε	et cherchaient-à-*le*-frapper,
τιτυσκόμενοι	visant
ἰοῖσι λάεσσί τε.	avec des flèches et des pierres.
Αὐτὰρ Ἀγαμέμνων	Alors Agamemnon
ὁ ἄναξ ἀνδρῶν	le roi des hommes
ἄϋσε μακρόν·	cria grandement :
« Ἴσχεσθε, Ἀργεῖοι,	« Contenez-vous, Argiens,
μὴ βάλλετε,	ne lancez pas,
κοῦροι Ἀχαιῶν·	fils des Achéens ;
Ἕκτωρ γὰρ κορυθαίολος	car Hector au-casque-s'agitant
στεῦται ἐρέειν ἔπος τι. »	semble-prêt à dire quelque parole. »
Ἔφατο ὥς·	Il dit ainsi ;
οἱ δὲ ἔσχοντο μάχης	or eux s'abstinrent du combat,
ἐγένοντό τε ἄνεῳ	et devinrent silencieux
ἐσσυμένως.	avec-empressement.
Ἕκτωρ δὲ ἔειπε	Hector alors dit
μετὰ ἀμφοτέροισι·	entre les deux *armées* :
« Κέκλυτέ μευ, Τρῶες	« Entendez de moi, Troyens
καὶ Ἀχαιοὶ ἐϋκνήμιδες,	et Achéens aux-belles-cnémides,
μῦθον Ἀλεξάνδροιο,	un discours de Pâris,
εἵνεκα τοῦ νεῖκος ὄρωρε.	à cause de qui la querelle s'est élevée.
Κέλεται πάντας ἄλλους μὲν	Il ordonne tous les autres d'une part
Τρῶας καὶ Ἀχαιοὺς	Troyens et Achéens
ἀποθέσθαι τεύχεα καλὰ	déposer *leurs* armes belles
ἐπὶ χθονὶ πουλυβοτείρῃ·	sur le sol nourrissant-beaucoup ;
αὐτὸν δὲ ἐν μέσσῳ	lui-même d'autre part au milieu
καὶ Μενέλαον Ἀρηΐφιλον	et Ménélas cher-à-Mars
μάχεσθαι οἴους ἀμφὶ Ἑλένῃ	combattre seuls pour Hélène
καὶ πᾶσι κτήμασιν·	et pour toutes *ses* possessions ;
ὁππότερος δέ κε νικήσῃ	et celui-des-deux-qui aura vaincu
γένηταί τε κρείσσων,	et sera devenu supérieur,
ἑλὼν εὖ	ayant pris bien
πάντα κτήματα γυναῖκά τε,	toutes les possessions et la femme,

οἱ δ' ἄλλοι φιλότητα καὶ ὅρκια πιστὰ τάμωμεν. »
Ὣς ἔφαθ· οἱ δ' ἄρα πάντες ἀκὴν ἐγένοντο σιωπῇ.
Τοῖσι δὲ καὶ μετέειπε βοὴν ἀγαθὸς Μενέλαος·
« Κέκλυτε νῦν καὶ ἐμεῖο· μάλιστα γὰρ ἄλγος ἱκάνει
θυμὸν ἐμόν· φρονέω δὲ διακρινθήμεναι ἤδη
Ἀργείους καὶ Τρῶας, ἐπεὶ κακὰ πολλὰ πέποσθε
εἵνεκ' ἐμῆς ἔριδος καὶ Ἀλεξάνδρου ἕνεκ' ἀρχῆς.
Ἡμέων δ' ὁπποτέρῳ θάνατος καὶ μοῖρα τέτυκται,
τεθναίη· ἄλλοι δὲ διακρινθεῖτε τάχιστα.
Οἴσετε δ' ἄρν', ἕτερον λευκὸν, ἑτέρην δὲ μέλαιναν,
Γῇ τε καὶ Ἠελίῳ· Διῒ δ' ἡμεῖς οἴσομεν ἄλλον.
Ἄξετε δὲ Πριάμοιο βίην, ὄφρ' ὅρκια τάμνῃ
αὐτὸς (ἐπεί οἱ παῖδες ὑπερφίαλοι καὶ ἄπιστοι),
μήτις ὑπερβασίῃ Διὸς ὅρκια δηλήσηται.

nous autres, nous cimentions tous par le sang des victimes une alliance fidèle. »

Il dit, et tous gardèrent un profond silence. Alors Ménélas, le plus vaillant des guerriers, éleva la voix à son tour :

« Maintenant écoutez-moi ; car il n'est personne dont le cœur soit plus affligé que le mien, et je suis d'avis, moi aussi, que les Argiens et les Troyens se réconcilient enfin ; oui, vous avez assez souffert de maux pour ma querelle, et au sujet de l'attentat de Pâris. Quel que soit donc celui de nous deux à qui les destins réservent la mort, qu'il meure ; et vous, hâtez-vous de vous séparer. Troyens, apportez un agneau blanc et une brebis noire, pour les immoler à la Terre et au Soleil ; nous, nous apporterons un autre agneau destiné à Jupiter. Amenez aussi Priam ; que lui-même, puisque ses fils sont des impies et des perfides, que lui-même immole les victimes, afin que nul n'ose violer les serments faits à la face de Jupiter. L'esprit des jeunes gens

ἀγέσθω οἴκαδε·
οἱ δὲ ἄλλοι
τάμωμεν φιλότητα
καὶ ὅρκια πιστά. »
Ἔφατο ὥς·
οἱ δὲ ἄρα πάντες
ἐγένοντο ἀκὴν σιωπῇ.
Μενέλαος δὲ ἀγαθὸς βοὴν
μετέειπε καὶ τοῖσι·
« Κέκλυτε καὶ ἐμεῖο νῦν·
ἄλγος γὰρ
ἱκάνει ἐμὸν θυμὸν μάλιστα·
φρονέω δὲ
Ἀργείους καὶ Τρῶας
διακρινθήμεναι ἤδη,
ἐπεὶ πέποσθε
κακὰ πολλὰ
εἵνεκα ἐμῆς ἔριδος
καὶ ἕνεκα ἀρχῆς Ἀλεξάνδρου.
Ὁπποτέρῳ δὲ ἡμέων
θάνατος καὶ μοῖρα τέτυκται,
τεθναίη·
ἄλλοι δὲ
διακρινθεῖτε τάχιστα.
Οἴσετε δὲ ἄρνε,
ἕτερον λευκόν,
ἑτέρην δὲ μέλαιναν,
Γῇ τε καὶ Ἠελίῳ·
ἡμεῖς δὲ οἴσομεν
ἄλλον Διί.
Ἄξετε δὲ
βίην Πριάμοιο,
ὄφρα αὐτὸς τάμνῃ
ὅρκια,
(ἐπεὶ παῖδές οἱ
ὑπερφίαλοι
καὶ ἄπιστοι,)
μή τις δηλήσηται
ὑπερβασίῃ
ὅρκια Διός.

qu'il *les* emporte chez-lui;
ensuite *nous* les autres
frappons (concluons) une amitié
et des gages-de-foi sûrs. »
Il dit ainsi;
et eux donc tous
devinrent avec-calme en silence.
Or Ménélas bon dans-la-mêlée
dit aussi parmi eux :
« Écoutez aussi moi maintenant:
car l'affliction
vient à mon cœur surtout;
or je suis-d'avis
vous Argiens et Troyens
vous séparer dès-à-présent,
puisque vous avez souffert
des maux nombreux
à cause de ma querelle
et à cause de l'entreprise de Pâris.
Or *celui* auquel-des-deux de nous
mort et destin a été préparé,
que *celui-là* meure;
et *vous* autres,
séparez-vous au plus vite.
Or vous apporterez deux-agneaux,
l'un-des-deux blancs,
et l'autre noir,
et pour la Terre et pour le Soleil;
et nous, nous *en* apporterons
un autre pour Jupiter.
Vous amènerez aussi
la force de Priam,
pour que lui-même frappe (immole)
des gages-de-foi,
puisque des enfants *sont* à lui
d'un-orgueil-qui-déborde
et sans-foi;
pour que nul ne viole
par une transgression
les gages-de-foi de Jupiter.

Αἰεὶ δ' ὁπλοτέρων ἀνδρῶν φρένες ἠερέθονται·
οἷς δ' ὁ γέρων μετέῃσιν, ἅμα πρόσσω καὶ ὀπίσσω
λεύσσει, ὅπως ὄχ' ἄριστα μετ' ἀμφοτέροισι γένηται. »
Ὣς ἔφαθ'· οἱ δ' ἐχάρησαν Ἀχαιοί τε Τρῶές τε,
ἐλπόμενοι παύσεσθαι ὀϊζυροῦ πολέμοιο.
Καί ῥ' ἵππους μὲν ἔρυξαν ἐπὶ στίχας, ἐκ δ' ἔβαν αὐτοί,
τεύχεά τ' ἐξεδύοντο, τὰ μὲν κατέθεντ' ἐπὶ γαίῃ
πλησίον ἀλλήλων, ὀλίγη δ' ἦν ἀμφὶς ἄρουρα.
Ἕκτωρ δὲ προτὶ ἄστυ δύω κήρυκας ἔπεμπε,
καρπαλίμως ἄρνας τε φέρειν Πρίαμόν τε καλέσσαι.
Αὐτὰρ ὁ Ταλθύβιον προΐει κρείων Ἀγαμέμνων,
νῆας ἔπι γλαφυρὰς ἰέναι, ἠδ' ἄρν' ἐκέλευεν
οἰσέμεναι· ὁ δ' ἄρ' οὐκ ἀπίθησ' Ἀγαμέμνονι δίῳ.
Ἶρις [1] δ' αὖθ' Ἑλένῃ λευκωλένῳ ἄγγελος ἦλθεν,

d'ailleurs est toujours inconstant et léger; quand au contraire un vieillard intervient, il a en vue à la fois le passé et l'avenir, et n'oublie rien pour procurer aux deux partis le plus d'avantages possible. »

Ainsi parla Ménélas, et tous se réjouirent, Achéens et Troyens, dans l'espoir de voir cesser cette déplorable guerre. Ils retirent leurs coursiers dans les rangs, descendent eux-mêmes des chars, se dépouillent de leurs armes, et les déposent sur la terre, près les unes des autres. Les deux armées ne sont séparées que par un étroit espace.

Hector envoie à la ville deux hérauts, chargés d'apporter promptement des agneaux et de prévenir Priam. Le roi Agamemnon de son côté dépêche Talthybius vers les vaisseaux creux, avec ordre d'en rapporter le troisième agneau; et Talthybius obéit sur-le-champ au divin Agamemnon.

Cependant Iris volait près d'Hélène pour lui annoncer ce qui se

Φρένες δὲ ἀνδρῶν
ὁπλοτέρων
ἠερέθονται αἰεί·
Ἰς δὲ
γερων μετέῃσι,
λεύσσει ἅμα
πρόσσω καὶ ὀπίσσω,
ὅπως γένηται
ὄχα ἄριστα
μετὰ ἀμφοτέροισιν.»
Ἔφατο ὥς·
οἱ δὲ ἐχάρησαν
Ἀχαιοί τε Τρῶές τε,
ἐλπόμενοι παύσεσθαι
πολέμοιο ὀϊζυροῦ.
Καί ῥα ἔρυξαν ἐπὶ στίχας
ἵππους μὲν,
αὐτοὶ δὲ ἐξέβαν,
ἐξεδύοντό τε τεύχεα,
τὰ μὲν κατέθεντο
ἐπὶ γαίῃ
πλησίον ἀλλήλων,
ἄρουρα δὲ ὀλίγη ἦν ἀμφίς.
Ἕκτωρ δὲ
ἔπεμπε προτὶ ἄστυ
δύω κήρυκας,
φέρειν τε ἄρνας
καρπαλίμως
καλέσσαι τε Πρίαμον.
Αὐτὰρ ὁ κρείων Ἀγαμέμνων
προΐει Ταλθύβιον,
ἰέναι ἐπὶ νῆας γλαφυρὰς,
ἠδὲ ἐκέλευεν οἰσέμεναι
ἄρνε·
ὁ δὲ ἄρα οὐκ ἀπίθησεν
Ἀγαμέμνονι δίῳ.
Ἶρις δὲ αὖτε
ἦλθεν ἄγγελος
Ἑλένῃ λευκωλένῳ,
εἰδομένη γαλόῳ,

Or les esprits des hommes
plus-propres-aux-armes
flottent-incertains toujours;
mais *les choses* auxquelles
le vieillard sera intervenu,
il regarde à la fois
en avant et en arrière,
comment *ces choses* seront devenues
de beaucoup les meilleures
entre les deux *partis.* »
Il dit ainsi;
or eux furent réjouis
et Achéens et Troyens,
espérant devoir cesser
la guerre lamentable.
Et certes ils tirèrent dans les rangs
leurs chevaux d'une part,
eux-mêmes d'autre part descendirent,
et se dépouillèrent des armes,
lesquelles certes ils déposèrent
sur la terre
près les unes des autres,
et une plaine petite était entre.
Hector cependant
envoyait vers la ville
deux hérauts,
et pour apporter des agneaux
rapidement
et pour appeler Priam.
De son côté le roi Agamemnon
envoyait Talthybius,
pour aller vers les vaisseaux creux,
et ordonnait *lui* devoir apporter
deux-agneaux;
or lui donc ne désobéit pas
à Agamemnon divin.
Iris cependant d'autre part
vint messagère
à Hélène aux-bras-blancs,
s'assimilant à *sa* belle-sœur

εἰδομένη γαλόῳ, Ἀντηνορίδαο δάμαρτι,
τὴν Ἀντηνορίδης εἶχε κρείων Ἑλικάων,
Λαοδίκην, Πριάμοιο θυγατρῶν εἶδος ἀρίστην.
Τὴν δ' εὗρ' ἐν μεγάρῳ· ἡ δὲ μέγαν ἱστὸν ὕφαινε,
δίπλακα πορφυρέην· πολέας δ' ἐνέπασσεν ἀέθλους
Τρώων θ' ἱπποδάμων καὶ Ἀχαιῶν χαλκοχιτώνων,
οὕς ἕθεν εἵνεκ' ἔπασχον ὑπ' Ἄρηος παλαμάων.
Ἀγχοῦ δ' ἱσταμένη προσέφη πόδας ὠκέα Ἶρις·
« Δεῦρ' ἴθι, νύμφα φίλη, ἵνα θέσκελα ἔργα ἴδηαι
Τρώων θ' ἱπποδάμων καὶ Ἀχαιῶν χαλκοχιτώνων·
οἳ πρὶν ἐπ' ἀλλήλοισι φέρον πολύδακρυν Ἄρηα
ἐν πεδίῳ, ὀλοοῖο λιλαιόμενοι πολέμοιο,
οἳ δὴ νῦν ἕαται σιγῇ (πόλεμος δὲ πέπαυται)
ἀσπίσι κεκλιμένοι, παρὰ δ' ἔγχεα μακρὰ πέπηγεν.
Αὐτὰρ Ἀλέξανδρος καὶ Ἀρηΐφιλος Μενέλαος
μακρῇς ἐγχείῃσι μαχήσονται περὶ σεῖο·
τῷ δέ κε νικήσαντι φίλη κεκλήσῃ ἄκοιτις. »

passait ; elle avait pris la forme de la belle-sœur de cette princesse, de la femme du roi Hélicaon, fils d'Anténor, de Laodice, la plus belle des filles de Priam. Elle la trouva dans le palais, occupée à un immense ouvrage, à tisser un voile de pourpre à double tissu, sur lequel elle se plaisait à semer les combats que soutenaient pour sa cause, sous la direction même de Mars, les Troyens dompteurs de coursiers, et les Achéens revêtus d'airain. S'étant donc approchée, la Déesse aux pieds légers lui dit :

« Viens ici, nymphe chérie ; viens contempler les merveilleuses actions des Troyens dompteurs de coursiers et des Achéens revêtus d'airain : eux qui naguère dans la plaine, ne respirant que la guerre meurtrière, se portaient les uns aux autres les larmes et la mort, immobiles maintenant et silencieux (car la guerre a cessé), ils restent appuyés sur leurs boucliers, et près d'eux leurs longues lances sont fichées dans le sol. Seuls, Pâris et Ménélas cher à Mars vont pour toi s'attaquer avec leurs longues lances, et tu seras appelée l'épouse chérie du vainqueur. »

δάμαρτι Ἀντηνορίδαο,	épouse du fils-d'Anténor,
τὴν Ἀντηνορίδης	laquelle le fils-d'Anténor,
κρείων Ἑλικάων εἶχε,	le roi Hélicaon avait,
Λαοδίκην, ἀρίστην εἶδος	Laodice, la plus excellente de forme
θυγατρῶν Πριάμοιο.	des filles de Priam.
Εὗρε δὲ τὴν ἐν μεγάρῳ·	Or elle trouva elle dans le palais ;
ἡ δὲ ὕφαινεν ἱστὸν μέγαν,	et elle tissait une toile grande,
δίπλακα πορφυρέην·	double-voile de-pourpre ;
ἐνέπασσε δὲ	et elle saupoudrait-dedans
ἀέθλους πολέας	des combats nombreux
Τρώων τε ἱπποδάμων	et des Troyens dompteurs-de-chevaux
καὶ Ἀχαιῶν χαλκοχιτώνων,	et des Achéens à-tunique-d'airain,
οὓς ἔπασχον	*combats* qu'ils souffraient
εἵνεκα ἕθεν	à cause d'elle
ὑπὸ παλαμάων Ἄρηος.	par les mains de Mars.
Ἱσταμένη δὲ ἀγχοῦ	Or se tenant près *d'elle*
Ἶρις ὠκέα πόδας	Iris légère *quant* aux pieds
προσέφη·	dit à *elle :*
« Ἴθι δεῦρο, νύμφα φίλη,	« Viens ici, nymphe chérie,
ἵνα ἴδηαι	pour que tu voies
ἔργα θέσκελα	les œuvres divines
Τρώων τε ἱπποδάμων	et des Troyens dompteurs-de-chevaux
καὶ Ἀχαιῶν χαλκοχιτώνων·	et des Achéens à-tunique-d'airain ;
οἳ πρὶν φέρον	eux-qui avant portaient
ἐπὶ ἀλλήλοισιν	les uns contre les autres
Ἄρηα πολύδακρυν	Mars aux-nombreuses-larmes
ἐν πεδίῳ,	dans la plaine,
λιλαιόμενοι πολέμοιο ὀλοοῖο,	désirant la guerre pernicieuse,
οἱ δὴ νῦν	ceux-là certes maintenant
ἕαται σιγῇ	sont assis en silence
(πόλεμος δὲ πέπαυται)	(or la guerre a été cessée),
κεκλιμένοι ἀσπίσιν,	appuyés sur *leurs* boucliers,
ἔγχεα δὲ μακρὰ	et *leurs* lances longues
πέπηγε παρά.	ont été fichées *en terre* à côté.
Αὐτὰρ Ἀλέξανδρος	De leur côté Pâris
καὶ Μενέλαος Ἀρηΐφιλος	et Ménélas cher-à-Mars
μαχήσονται περὶ σεῖο	combattront au sujet de toi
ἐγχείῃσι μακρῇς·	avec des lances longues ;
κεκλήσῃ δὲ ἄκοιτις φίλη	et tu seras nommée épouse chérie
τῷ κε νικήσαντι. »	à celui ayant pu-vaincre. »

Ὣς εἰποῦσα θεὰ γλυκὺν ἵμερον ἔμβαλε θυμῷ
ἀνδρός τε προτέροιο καὶ ἄστεος ἠδὲ τοκήων.
Αὐτίκα δ' ἀργεννῇσι καλυψαμένη ὀθόνῃσιν,
ὡρμᾶτ' ἐκ θαλάμοιο, τέρεν κατὰ δάκρυ χέουσα·
οὐκ οἴη, ἅμα τῇγε καὶ ἀμφίπολοι δύ' ἕποντο,
Αἴθρη, Πιτθῆος θυγάτηρ, Κλυμένη τε βοῶπις.
Αἶψα δ' ἔπειθ' ἵκανον ὅθι Σκαιαὶ πύλαι ἦσαν.
Οἱ δ' ἀμφὶ Πρίαμον καὶ Πάνθοον ἠδὲ Θυμοίτην,
Λάμπον τε Κλυτίον θ' Ἱκετάονά τ', ὄζον Ἄρηος,
Οὐκαλέγων τε καὶ Ἀντήνωρ, πεπνυμένω ἄμφω,
εἵατο δημογέροντες ἐπὶ Σκαιῇσι πύλῃσι [1]·
γήραϊ δὴ πολέμοιο πεπαυμένοι, ἀλλ' ἀγορηταὶ
ἐσθλοὶ, τεττίγεσσιν ἐοικότες, οἵτε καθ' ὕλην
δενδρέῳ ἐφεζόμενοι, ὄπα λειριόεσσαν ἱεῖσι·
τοῖοι ἄρα Τρώων ἡγήτορες ἧντ' ἐπὶ πύργῳ.
Οἱ δ' ὡς οὖν εἶδον Ἑλένην ἐπὶ πύργον ἰοῦσαν,
ἦκα πρὸς ἀλλήλους ἔπεα πτερόεντ' ἀγόρευον·
« Οὐ νέμεσις Τρῶας καὶ ἐϋκνήμιδας Ἀχαιοὺς

La Déesse, en parlant ainsi, avait jeté dans le cœur d'Hélène le doux désir de revoir son premier époux, sa ville et ses parents. Elle s'enveloppa aussitôt de voiles d'une éclatante blancheur, et s'élança de la chambre nuptiale, en versant de tendres larmes; elle n'était point seule : deux femmes suivaient ses pas, Éthra, fille de Pitthée, et Clymène, aux grands yeux. Elles eurent bientôt atteint les lieux où s'élevaient les portes Scées.

Là Priam, Panthoüs, Thymétès, Lampus, Clytius, Hicétaon, rejeton de Mars, Ucalégon et Anténor, tous deux inspirés par la Sagesse, siégeaient réunis en conseil au-dessus des portes Scées : forcés par l'âge de renoncer aux combats, mais orateurs habiles, ils ressemblaient aux cigales qui, dans les forêts, sur la cime des arbres, font entendre une voix mélodieuse; tels les chefs troyens siégeaient au haut de la tour. Or, dès qu'ils virent Hélène s'avancer vers la tour, ils échangèrent entre eux à voix basse ces paroles volantes :

« Il ne faut pas s'indigner que les Troyens et les Achéens aux belles

Θεὰ εἰποῦσα ὣς
ἔμβαλε θυμῷ ἵμερον γλυκὺν
ἀνδρός τε προτέροιο
καὶ ἄστεος ἠδὲ τοκήων.
Καλυψαμένη δὲ αὐτίκα
ὀθόνῃσιν ἀργεννῇσιν,
ὡρμᾶτο ἐκ θαλάμοιο,
καταχέουσα δάκρυ τέρεν·
οὐκ οἴη,
καὶ δύο ἀμφίπολοι
ἕποντο τῇγε ἅμα,
Αἴθρη, θυγάτηρ Πιτθῆος,
Κλυμένη τε βοῶπις.
Ἵκανον δὲ αἶψα ἔπειτα
ὅθι πύλαι Σκαιαὶ ἦσαν.
Οἱ δὲ ἀμφὶ Πρίαμον
καὶ Πάνθοον ἠδὲ Θυμοίτην,
Λάμπον τε Κλυτίον τε
Ἱκετάονά τε, ὄζον Ἄρηος,
Οὐκαλέγων τε καὶ Ἀντήνωρ,
ἄμφω πεπνυμένω,
εἵατο δημογέροντες
ἐπὶ πύλῃσι Σκαιῇσι·
πεπαυμένοι πολέμοιο
γήραϊ δή,
ἀλλὰ ἀγορηταὶ ἐσθλοὶ,
ἐοικότες τεττίγεσσιν,
οἵ τε κατὰ ὕλην
ἐφεζόμενοι δενδρέῳ
ἱεῖσιν ὄπα λειριόεσσαν·
τοῖοι ἄρα ἡγήτορες Τρώων
ἧντο ἐπὶ πύργῳ.
Οἱ δὲ οὖν
ὡς εἴδοντο Ἑλένην
ἰοῦσαν ἐπὶ πύργον,
ἀγόρευον ἦκα πρὸς ἀλλήλους
ἔπεα πτερόεντα·
« Οὐ νέμεσις
Τρῶας
καὶ Ἀχαιοὺς ἐϋκνήμιδας

La déesse ayant dit ainsi
jeta dans *son* cœur un désir doux
et de *son* époux premier
et de *sa* ville et de *ses* parents.
Or s'étant enveloppée aussitôt
de voiles blancs
elle s'élançait de *sa* chambre,
répandant une larme tendre;
non seule,
aussi deux servantes
suivaient elle en même temps,
Éthra, fille de Pitthée,
et Clymène aux-yeux-de-bœuf.
Or elles venaient aussitôt ensuite
où les portes Scées étaient.
Or ceux autour de Priam
et de Panthoüs et de Thymétès,
et de Lampus et de Clytius,
et d'Hicétaon, rejeton de Mars,
et Ucalégon et Anténor,
tous deux inspirés-de-sagesse,
siégeaient anciens-du-peuple
au dessus des portes Scées;
ayant cessé la guerre
par la vieillesse certes,
mais harangueurs habiles,
ressemblant à des cigales,
lesquelles aussi dans un bois
assises-sur un arbre
envoient une voix douce-comme-lis;
tels donc les chefs des Troyens
siégeaient sur la tour.
Or eux donc,
quand ils virent Hélène
allant vers la tour,
disaient bas les uns aux autres
des paroles ailées :
« Il ne faut-pas-s'indigner
les Troyens
et les Achéens aux-belles-cnémides

τοιῇδ' ἀμφὶ γυναικὶ πολὺν χρόνον ἄλγεα πάσχειν·
αἰνῶς ἀθανάτῃσι θεῇς εἰς ὦπα ἔοικεν.
Ἀλλὰ καὶ ὥς, τοίη περ ἐοῦσ', ἐν νηυσὶ νεέσθω,
μηδ' ἡμῖν τεκέεσσί τ' ὀπίσσω πῆμα λίποιτο. »
Ὣς ἄρ' ἔφαν· Πρίαμος δ' Ἑλένην ἐκαλέσσατο φωνῇ·
« Δεῦρο πάροιθ' ἐλθοῦσα, φίλον τέκος, ἵζευ ἐμεῖο,
ὄφρα ἴδῃ πρότερόν τε πόσιν πηούς τε φίλους τε
(οὔτι μοι αἰτίη ἐσσὶ, θεοί νύ μοι αἴτιοί εἰσιν,
οἵ μοι ἐφώρμησαν πόλεμον πολύδακρυν Ἀχαιῶν),
ὥς μοι καὶ τόνδ' ἄνδρα πελώριον ἐξονομήνῃς,
ὅστις ὅδ' ἐστὶν Ἀχαιὸς ἀνὴρ ἠΰς τε μέγας τε·
ἤτοι μὲν κεφαλῇ καὶ μείζονες ἄλλοι ἔασι,
καλὸν δ' οὕτω ἐγὼν οὔπω ἴδον ὀφθαλμοῖσιν,
οὐδ' οὕτω γεραρόν· βασιλῆϊ γὰρ ἀνδρὶ ἔοικε. »
Τὸν δ' Ἑλένη μύθοισιν ἀμείβετο, δῖα γυναικῶν·

cnémides souffrent tant de maux depuis longtemps pour une telle femme; elle ressemble terriblement de visage aux déesses immortelles. Mais malgré cela, et quelle que soit sa beauté, qu'elle s'en retourne sur les vaisseaux des Achéens, et qu'elle ne laisse de malheurs pour l'avenir ni à nous ni à nos enfants ! »

Ainsi s'exprimaient les vieillards. Cependant Priam appela Hélène à lui : « Viens, ô ma fille chérie, viens t'asseoir près de moi; viens contempler ton premier époux, tes parents et tes amis (car tu n'es point à mes yeux la cause de nos maux; non, les Dieux en sont les auteurs, eux qui ont suscité contre moi la guerre des Achéens, si féconde en larmes); viens m'apprendre le nom de cet homme imposant, de ce héros acheen si noble et si grand; d'autres sans doute le surpassent en hauteur, mais jamais mes yeux n'ont vu un homme si beau, ni si majestueux; il est semblable à un roi. »

Hélène, la plus divine des femmes, lui répondit : « Père chéri de

πάσχειν ἄλγεα
χρόνον πολὺν
ἀμφὶ τοιῇδε γυναικί·
ἔοικεν αἰνῶς
εἰς ὦπα
θεῇς ἀθανάτῃσιν.
Ἀλλὰ καὶ ὥς,
ἐοῦσά περ τοίη,
νεέσθω ἐν νηυσὶ,
μηδὲ πῆμα λίποιτο
ἡμῖν τεκέεσσί τε ὀπίσσω. »
Ἔφαν ἄρα ὥς·
Πρίαμος δὲ
ἐκαλέσσατο φωνῇ Ἑλένην·
« Τέκος φίλον,
ἐλθοῦσα δεῦρο,
ἵζευ πάροιθε ἐμοῖο,
ὄφρα ἴδῃ
πόσιν τε πρότερον
πηούς τε
φίλους τε
(ἐσσὶ οὔτι αἰτίη μοι,
θεοί νύ εἰσιν αἴτιοί μοι,
οἵ ἐφώρμησάν μοι
πόλεμον πολύδακρυν
Ἀχαιῶν),
ὡς ἐξονομήνῃς μοι
καὶ τόνδε ἄνδρα πελώριον,
ὅστις ἐστὶν ὅδε ἀνὴρ Ἀχαιὸς
ἠΰς τε μέγας τε·
ἤτοι μὲν ἄλλοι
ἔασι καὶ μείζονες κεφαλῇ,
ἐγὼν δὲ οὔπω ἴδον
ὀφθαλμοῖσιν
οὕτω καλὸν,
οὐδὲ οὕτω γεραρόν·
ἔοικε γὰρ ἀνδρὶ βασιλῆϊ. »
Ἑλένη δὲ,
δῖα γυναικῶν,
ἀμείβετο τὸν μύθοισιν·

souffrir des maux
un temps nombreux
au sujet d'une telle femme ;
elle ressemble terriblement
pour le visage
aux déesses immortelles.
Mais même ainsi,
étant pourtant telle,
qu'elle retourne dans des vaisseaux
et que ruine n'ait pas été laissée
à nous et à *nos* enfants après. »
Ils dirent donc ainsi ;
Priam cependant
appela de *sa* voix Hélène :
« Enfant chérie,
étant venue ici,
assieds-toi devant moi,
afin que tu voies
et *ton* époux premier
et *tes* parents-par-alliance
et *tes* amis
(tu n'es en rien coupable à moi,
les dieux certes sont coupables à moi,
eux-qui ont lancé sur moi
la guerre aux-nombreuses-larmes
des Achéens),
pour que tu nommes à moi
aussi cet homme prodigieux,
quel est cet homme Achéen
et remarquable et grand ;
certes il est vrai d'autres
sont même plus grands de la tête ;
mais moi je n'ai pas encore vu
de *mes* yeux
un homme tellement beau,
ni tellement vénérable ;
car il ressemble à un homme roi. »
Hélène alors,
divine entre les femmes,
répondit à lui par *ces* paroles :

« Αἰδοῖός τέ μοί ἐσσι, φίλε ἑκυρὲ, δεινός τε·
ὡς ὄφελεν θάνατός μοι ἁδεῖν κακὸς, ὁππότε δεῦρο
υἱέϊ σῷ ἑπόμην, θάλαμον γνωτούς τε λιποῦσα,
παῖδά τε τηλυγέτην καὶ ὁμηλικίην ἐρατεινήν!
Ἀλλὰ τάγ' οὐκ ἐγένοντο· τὸ καὶ κλαίουσα τέτηκα.
Τοῦτο δέ τοι ἐρέω ὅ μ' ἀνείρεαι ἠδὲ μεταλλᾷς·
οὗτός γ' Ἀτρείδης, εὐρυκρείων Ἀγαμέμνων,
ἀμφότερον, βασιλεύς τ' ἀγαθὸς κρατερός τ' αἰχμητής·
δαὴρ αὖτ' ἐμὸς ἔσκε κυνώπιδος, εἴποτ' ἔην γε. »
Ὣς φάτο· τὸν δ' ὁ γέρων ἠγάσσατο, φώνησέν τε·
« Ὦ μάκαρ Ἀτρείδη, μοιρηγενὲς, ὀλβιόδαιμον,
ἦ ῥά νύ τοι πολλοὶ δεδμήατο κοῦροι Ἀχαιῶν.
Ἤδη καὶ Φρυγίην εἰσήλυθον ἀμπελόεσσαν,
ἔνθα ἴδον πλείστους Φρύγας, ἀνέρας αἰολοπώλους,
λαοὺς Ὀτρῆος καὶ Μύγδονος[1] ἀντιθέοιο,
οἵ ῥα τότ' ἐστρατόωντο παρ' ὄχθας Σαγγαρίοιο[2]·

mon époux, vous êtes pour moi à la fois majestueux et terrible ; plût au ciel que la cruelle mort m'eût souri, le jour où je suivis ici votre fils, abandonnant la couche nuptiale, mes frères, une fille chérie et mes aimables compagnes. Mais il n'en fut point ainsi, et c'est pourquoi je me consume dans les larmes. Pour répondre toutefois à votre désir et à vos questions, ce héros, c'est le fils d'Atrée, le très-puissant Agamemnon, à la fois grand roi et redoutable guerrier. Il fut jadis mon beau-frère, si cependant il l'a jamais été. »

Elle dit; le vieillard, plein d'admiration pour lui, s'écria : « Heureux fils d'Atrée, roi né sous de favorables augures, roi vraiment fortuné, c'est donc à toi qu'obéissent les nombreux enfants des Achéens! Je pénétrai jadis dans la Phrygie féconde en vignes; j'y vis la foule des Phrygiens aux magnifiques coursiers, les peuples d'Otrée et de Mygdon semblable à un Dieu, campés alors sur les rives

« Ἑσσί μοι, φίλε ἑκυρὲ,	« Tu es pour moi, cher beau-père,
αἰδοῖός τε δεινός τε·	et vénérable et terrible ;
ὡς θάνατος κακὸς	comme la mort mauvaise
ὄφελεν ἁδεῖν μοι,	devait avoir plu à moi,
ὁππότε ἑπόμην σῷ υἱέϊ δεῦρο,	lorsque je suivais ton fils ici,
λιποῦσα θάλαμον	ayant laissé *mon* lit-nuptial
γνωτούς τε,	et *mes* frères,
παῖδά τε τηλυγέτην	et *mon* enfant très-chère
καὶ ὁμηλικίην ἐρατεινήν.	et *mes* égales-en-âge aimables !
Ἀλλὰ τάγε οὐκ ἐγένοντο·	Mais ces-choses-ci ne furent pas;
τὸ καὶ κλαίουσα	*pour* quoi aussi pleurant
τέτηκα.	je me suis fondue.
Ἐρέω δέ τοι τοῦτο,	Mais je dirai à toi ceci,
ὃ ἀνείρεαί με	que tu demandes à moi
ἠδὲ μεταλλᾷς·	et recherches :
οὗτός γε Ἀτρείδης,	celui-ci certes *est* le fils-d'Atrée,
Ἀγαμέμνων εὐρυκρείων,	Agamemnon largement-puissant,
ἀμφότερον	l'une et l'autre chose (à la fois)
βασιλεύς τε ἀγαθὸς	et roi bon
αἰχμητής τε κρατερός·	et guerrier fort ;
ἔσκεν αὖτε ἐμὸς δαὴρ	il était d'autre part mon beau-frère
κυνώπιδος,	*de moi* au-regard-de-chienne,
εἴποτε ἔην γε. »	si-donc il *l'*a été du moins. »
Φάτο ὥς·	Elle dit ainsi ;
ὁ γέρων δὲ ἠγάσσατο τὸν,	et le vieillard admira lui,
φώνησέν τε·	et parla :
« Ὦ μάκαρ Ἀτρείδη,	« O heureux fils-d'Atrée,
μοιρηγενὲς,	né-sous-d'heureux-destins,
ὀλβιόδαιμον,	jouissant-d'une-heureuse-fortune,
ἦ ῥά νυ	certes donc assurément
πολλοὶ κοῦροι Ἀχαιῶν	beaucoup de fils des Achéens
δεδμήατό τοι.	avaient été soumis à toi.
Ἤδη καὶ εἰσήλυθον Φρυγίην	Déjà aussi je vins dans la Phrygie
ἀμπελόεσσαν,	féconde-en-vignes,
ἔνθα ἴδον Φρύγας πλείστους,	où je vis les Phrygiens très-nombreux,
ἀνέρας αἰολοπώλους,	hommes aux-coursiers-bigarrés,
λαοὺς Ὀτρῆος	peuples d'Otrée
καὶ Μύγδονος ἀντιθέοιο,	et de Mygdon semblable-à-un-dieu,
οἵ ῥα ἐστρατόωντο τότε	lesquels donc campaient alors
παρὰ ὄχθας Σαγγαρίοιο·	le long des rives du Sangarius ;

καὶ γὰρ ἐγὼν ἐπίκουρος ἐὼν μετὰ τοῖσιν ἐλέχθην
ἤματι τῷ ὅτε τ' ἦλθον Ἀμαζόνες[1] ἀντιάνειραι·
ἀλλ' οὐδ' οἱ τόσοι ἦσαν ὅσοι ἑλίκωπες Ἀχαιοί. »
Δεύτερον αὖτ' Ὀδυσῆα ἰδὼν, ἐρέειν' ὁ γεραιός·
« Εἴπ' ἄγε μοι καὶ τόνδε, φίλον τέκος, ὅστις ὅδ' ἐστί·
μείων μὲν κεφαλῇ Ἀγαμέμνονος Ἀτρείδαο,
εὐρύτερος δ' ὤμοισιν ἰδὲ στέρνοισιν ἰδέσθαι.
Τεύχεα μέν οἱ κεῖται ἐπὶ χθονὶ πουλυβοτείρῃ,
αὐτὸς δὲ, κτίλος ὣς, ἐπιπωλεῖται στίχας ἀνδρῶν·
ἀρνειῷ μιν ἔγωγε ἐΐσκω πηγεσιμάλλῳ,
ὅστ' οἰῶν μέγα πῶϋ διέρχεται ἀργεννάων. »
Τὸν δ' ἠμείβετ' ἔπειθ' Ἑλένη, Διὸς ἐκγεγαυῖα·
« Οὗτος δ' αὖ Λαερτιάδης, πολύμητις Ὀδυσσεὺς,
ὃς τράφη ἐν δήμῳ Ἰθάκης, κραναῆς περ ἐούσης,
εἰδὼς παντοίους τε δόλους καὶ μήδεα πυκνά. »

du Sangarius ; j'étais au nombre de leurs auxiliaires, le jour où se présentèrent les Amazones au mâle courage ; mais leur nombre n'égalait pas celui des Achéens au regard terrible. »

Apercevant ensuite Ulysse, le vieillard adressa à Hélène une seconde question : « Allons, ma fille chérie, dis-moi encore quel est cet autre : sa taille est moins élevée que celle d'Agamemnon, fils d'Atrée, mais ses épaules et sa poitrine semblent plus larges. Ses armes reposent sur le sol fertile ; et lui, semblable à un bélier, parcourt les rangs des guerriers ; je le compare au bélier à l'épaisse toison qui traverse un grand troupeau de blanches brebis. »

Hélène, issue de Jupiter, reprit en ces termes : « Celui-ci, c'est le fils de Laërte, Ulysse riche en inventions; quoique nourri dans le sein de l'âpre Ithaque, il connaît toutes les ruses, et la sagesse règne dans tous ses conseils. »

καὶ γὰρ ἐγὼν ἐὼν ἐπίκουρος
ἐλέχθην μετὰ τοῖσιν
τῷ ἤματι, ὅτε τε
Ἀμαζόνες
ἀντιάνειραι
ἦλθον·
ἀλλὰ οὐδὲ οἱ
ἦσαν τόσοι
ὅσοι Ἀχαιοὶ
ἑλίκωπες. »
Δεύτερον αὖτε
ἰδὼν Ὀδυσῆα
ὁ γεραιὸς ἐρέεινεν·
« Ἄγε, τέκος φίλον,
εἰπέ μοι καὶ τόνδε,
ὅστις ἐστὶν ὅδε·
μείων μὲν κεφαλῇ
Ἀγαμέμνονος Ἀτρείδαο,
εὐρύτερος δὲ ἰδέσθαι
ὤμοισιν ἰδὲ στέρνοισι.
Τεύχεα μὲν κεῖταί οἱ
ἐπὶ χθονὶ πουλυβοτείρῃ,
αὐτὸς δὲ,
ὡς κτίλος,
ἐπιπωλεῖται στίχας ἀνδρῶν·
ἔγωγε ἐΐσκω μιν
ἀρνειῷ πηγεσιμάλλῳ,
ὅςτε διέρχεται
πῶϋ μέγα
οἰῶν ἀργεννάων. »
Ἑλένη δὲ,
ἐκγεγαυῖα Διὸς,
ἠμείβετο ἔπειτα τόν·
« Οὗτος δὲ αὖ
Λαερτιάδης,
Ὀδυσσεὺς πολύμητις,
ὃς τράφη ἐν δήμῳ
Ἰθάκης, ἐούσης περ κραναῆς,
εἰδὼς δόλους τε παντοίους
καὶ μήδεα πυκνά. »

et en effet moi étant auxiliaire
je fus compté parmi eux
en ce jour lorsque aussi
les Amazones
égales-à-des-hommes
vinrent ;
mais pas même eux
*n'*étaient aussi-nombreux
que-nombreux *sont* les Achéens
aux-yeux-roulant-vite. »
Secondement ensuite
ayant vu Ulysse,
le vieillard interrogeait :
« Allons, enfant chérie,
dis à moi celui-ci aussi,
quel est celui-ci ;
moindre à la vérité par la tête
que Agamemnon fils-d'Atrée,
mais plus large à avoir été vu
par les épaules et par la poitrine.
Les armes d'une part gisent à lui
sur la terre très-nourricière,
lui-même d'autre part,
comme un bélier,
parcourt les rangs des hommes ;
moi-du-moins j'assimile lui
à un bélier à-épaisse-toison,
qui va à travers
un troupeau grand
de brebis blanches. »
Hélène alors,
née de Jupiter,
répondait ensuite à lui :
« Celui-ci donc à son tour
est le fils-de-Laërte,
Ulysse fécond-en-sagesse,
qui fut nourri dans le peuple
d'Ithaque étant pourtant rude,
sachant et des ruses de-toutes-sortes
et des conseils sages. »

Τὴν δ' αὖτ' Ἀντήνωρ πεπνυμένος ἀντίον ηὔδα·
« Ὦ γύναι, ἦ μάλα τοῦτο ἔπος νημερτὲς ἔειπες·
ἤδη γὰρ καὶ δεῦρό ποτ' ἤλυθε δῖος Ὀδυσσεύς,
σεῦ ἕνεκ' ἀγγελίης, σὺν Ἀρηϊφίλῳ Μενελάῳ·
τοὺς δ' ἐγὼ ἐξείνισσα, καὶ ἐν μεγάροισι φίλησα,
ἀμφοτέρων δὲ φυὴν ἐδάην καὶ μήδεα πυκνά.
Ἀλλ' ὅτε δὴ Τρώεσσιν ἐν ἀγρομένοισιν ἔμιχθεν,
στάντων μὲν Μενέλαος ὑπείρεχεν εὐρέας ὤμους,
ἄμφω δ' ἑζομένω, γεραρώτερος ἦεν Ὀδυσσεύς.
Ἀλλ' ὅτε δὴ μύθους καὶ μήδεα πᾶσιν ὕφαινον,
ἤτοι μὲν Μενέλαος ἐπιτροχάδην ἀγόρευε,
παῦρα μέν, ἀλλὰ μάλα λιγέως· ἐπεὶ οὐ πολύμυθος,
οὐδ' ἀφαμαρτοεπής, ἦ καὶ γένει ὕστερος ἦεν·
ἀλλ' ὅτε δὴ πολύμητις ἀναΐξειεν Ὀδυσσεύς,
στάσκεν, ὑπαὶ δὲ ἴδεσκε, κατὰ χθονὸς ὄμματα πήξας,

A ces mots, le sage Anténor élevant la voix à son tour : « O femme, dit-il, ce que tu viens de dire est vrai ; car autrefois déjà le divin Ulysse vint ici en ambassade à ton sujet, accompagné de Ménélas, ce héros cher à Mars ; ce fut moi qui leur donnai l'hospitalité, qui les reçus dans mon palais, et je pus étudier la nature de chacun d'eux et apprécier la sagesse de leurs conseils. Lors donc qu'ils se mêlaient aux Troyens rassemblés, si tous deux se tenaient debout, Ménélas l'emportait par la largeur de ses épaules ; si tous deux au contraire restaient assis, Ulysse était le plus majestueux. Mais quand ils prenaient la parole et développaient en présence de tous quelque proposition, Ménélas parlait en courant ; ses paroles étaient peu nombreuses, mais pleines de clarté ; soit que naturellement il fût ennemi des longs discours et des digressions, soit que plus jeune il fût plus réservé. Le sage Ulysse se levait-il à son tour, il se tenait immo-

Ἀντήνωρ δὲ αὖτε
πεπνυμένος
ηὔδα ἀντίον τήν·
« Ὦ γύναι,
ἦ ἔειπες τοῦτο ἔπος
μάλα νημερτές·
Ὀδυσσεὺς γὰρ δῖος
ἤλθέ ποτε
ἤδη καὶ δεῦρο,
ἕνεκα ἀγγελίης σεῦ,
σὺν Μενελάῳ Ἀρηϊφίλῳ·
ἐγὼ δὲ ἐξείνισσα τοὺς,
καὶ φίλησα
ἐν μεγάροισιν,
ἐδάην δὲ φυὴν
καὶ μήδεα πυκνὰ
ἀμφοτέρων.
Ἀλλὰ ὅτε δὴ
ἔμιχθεν
ἐν Τρώεσσιν ἀγρομένοισι,
στάντων μὲν
Μενέλαος ὑπείρεχεν
ὤμους εὐρέας,
ἄμφω δὲ ἑζομένω,
Ὀδυσσεὺς ἦεν γεραρώτερος.
Ἀλλὰ ὅτε δὴ ὕφαινον πᾶσι
μύθους καὶ μήδεα,
ἤτοι Μενέλαος μὲν
ἀγόρευεν ἐπιτροχάδην,
παῦρα μὲν,
ἀλλὰ μάλα λιγέως·
ἐπεὶ ἦεν
οὐ πολύμυθος,
οὐδὲ ἀφαμαρτοεπής,
ἢ καὶ ὕστερος γένει.
Ἀλλὰ ὅτε δὴ
Ὀδυσσεὺς πολύμητις
ἀναΐξειε,
στάσκεν,
ἴδεσκε δὲ ὑπαὶ,

Or Anténor de son côté
inspiré-*en-sagesse*
parlait en-réponse-à elle :
« O femme,
certes tu as dit ce mot
très-vrai.
Car Ulysse le divin
est venu autrefois
déjà aussi ici,
pour mission *au sujet* de toi,
avec Ménélas cher-à-Mars ;
or moi je reçus-en-hôte eux,
et *les* traitai-en-ami
dans *mes* palais,
et je fus instruit de la nature
et des conseils sages
de tous les deux.
Mais quand certes
ils furent mêlés
dans les Troyens rassemblés,
eux se tenant-debout d'une part,
Ménélas avait-le-dessus
quant à ses épaules larges;
tous deux d'autre part s'asseyant,
Ulysse était plus majestueux.
Mais quand certes ils tissaient à tous
des discours et des conseils,
certes Ménélas il est vrai
haranguait couramment,
peu-de-choses à la vérité,
mais fort clairement ;
attendu que il était
non homme-à-beaucoup-de-paroles,
ni s'égarant-dans-ses-discours,
ou même ultérieur par la naissance.
Mais quand certes
Ulysse à-la-grande-sagesse
s'était élancé *pour parler*,
il se tenait-debout,
puis regardait en dessous

σκῆπτρον δ' οὔτ' ὀπίσω οὔτε προπρηνὲς ἐνώμα,
ἀλλ' ἀστεμφὲς ἔχεσκεν, ἀΐδρεϊ φωτὶ ἐοικώς·
φαίης κε ζάκοτόν τέ τιν' ἔμμεναι, ἄφρονά τ' αὔτως·
ἀλλ' ὅτε δή ῥ' ὄπα τε μεγάλην ἐκ στήθεος ἵει,
καὶ ἔπεα νιφάδεσσιν ἐοικότα χειμερίῃσιν,
οὐκ ἂν ἔπειτ' Ὀδυσῆΐ γ' ἐρίσσειε βροτὸς ἄλλος·
οὐ τότε γ' ὧδ' Ὀδυσῆος ἀγασσάμεθ' εἶδος ἰδόντες. »
Τὸ τρίτον αὖτ' Αἴαντα ἰδών, ἐρέειν' ὁ γεραιός·
« Τίς τ' ἄρ' ὅδ' ἄλλος Ἀχαιὸς ἀνὴρ ἠΰς τε μέγας τε,
ἔξοχος Ἀργείων κεφαλὴν ἠδ' εὐρέας ὤμους; »
Τὸν δ' Ἑλένη τανύπεπλος ἀμείβετο, δῖα γυναικῶν·
« Οὗτος δ' Αἴας ἐστὶ πελώριος, ἕρκος Ἀχαιῶν·
Ἰδομενεὺς δ' ἑτέρωθεν ἐνὶ Κρήτεσσι, θεὸς ὥς,
ἕστηκ'· ἀμφὶ δέ μιν Κρητῶν ἀγοὶ ἠγερέθονται.
Πολλάκι μιν ξείνισσεν Ἀρηΐφιλος Μενέλαος

bile, les yeux baissés, les regards attachés sur la terre; il ne portait son sceptre ni en avant, ni en arrière, mais il le tenait en repos, semblable à un homme inexpérimenté; vous eussiez dit un homme égaré par la fureur ou privé de raison. Cependant, dès qu'il faisait sortir de sa poitrine sa forte voix, et répandait ses paroles semblables aux flocons de la neige d'hiver, nul autre mortel ne l'eût disputé à Ulysse; alors nous ne songions plus à nous étonner de sa petite taille.

Pour la troisième fois, à la vue d'Ajax, le vieillard interrogea Hélène : « Et cet autre Achéen, si noble et si grand, qui surpasse le le reste des Argiens et par la hauteur de sa tête et par la largeur de ses épaules, quel est-il? »

Hélène au long voile, la plus divine des femmes, reprit encore : « C'est ce prodige de valeur, Ajax, le rempart des Achéens; et c'est Idoménée qui se tient de l'autre côté parmi les Crétois, semblable à un Dieu; autour de lui tu vois se presser les capitaines de la Crète. Maintes fois Ménélas, cher à Mars, lui donna l'hospitalité dans notre

πήξας ὄμματα κατὰ χθονός,	ayant attaché *ses* yeux sur la terre,
ἐνώμα δὲ σκῆπτρον	et dirigeait *son* sceptre
οὔτε ὀπίσω οὔτε προπρηνές,	ni derrière ni en-avant,
ἀλλὰ ἔχεσκεν ἀστεμφές,	mais *l'*avait immobile,
ἐοικὼς φωτὶ ἀΐδρεϊ·	semblable à un mortel sans-savoir;
φαίης κε ἔμμεναί τινα	vous diriez *lui* être quelqu'un
ζάκοτόν τε ἄφρονά τε αὔτως.	et très-furieux et insensé de même.
Ἀλλὰ ὅτε δή ῥα	Mais quand donc certes
ἵει ἐκ στήθεος	il envoyait de *sa* poitrine
ὄπα τε μεγάλην,	et une voix grande,
καὶ ἔπεα ἐοικότα	et des paroles ressemblant
νιφάδεσσι χειμερίῃσιν,	à des neiges d'-hiver,
ἄλλος βροτὸς ἔπειτα	un autre mortel ensuite
οὐκ ἂν ἐρίσσειεν	ne *l'*eût pas disputé
Ὀδυσῆΐ γε·	à Ulysse certes;
τότε γε	alors du moins
ἰδόντες εἶδος Ὀδυσῆος	ayant vu la forme d'Ulysse
οὐκ ἀγασσάμεθα ὧδε. »	nous ne nous étonnions pas ainsi. »
Τὸ τρίτον αὖτε	En troisième lieu encore
ἰδὼν Αἴαντα,	ayant vu Ajax,
ὁ γεραιὸς ἐρέεινε·	le vieillard interrogeait :
« Τίς τε ἄρα ὅδε ἄλλος	« Qui aussi donc *est* cet autre
ἀνὴρ Ἀχαιὸς	homme Achéen
ἠΰς τε μέγας τε,	et remarquable et grand,
ἔξοχος Ἀργείων	supérieur aux Achéens
κεφαλὴν ἠδὲ ὤμους εὐρέας; »	*quant à* la tête et les épaules larges? »
Ἑλένη δὲ τανύπεπλος,	Alors Hélène au-long-voile,
δῖα γυναικῶν,	divine entre les femmes,
ἀμείβετο τόν·	répondait à lui :
« Οὗτος δὲ ἐστὶν Αἴας	« Celui-ci d'autre part est Ajax
πελώριος,	le prodigieux,
ἕρκος Ἀχαιῶν·	rempart des Achéens;
Ἰδομενεὺς δὲ	Idoménée ensuite
ἕστηκεν ἑτέρωθεν	se tient de l'autre côté
ὡς θεὸς	comme un dieu
ἐνὶ Κρήτεσσιν·	parmi les Crétois;
ἀγοὶ δὲ Κρητῶν	et les chefs des Crétois
ἠγερέθονται ἀμφί μιν.	sont rassemblés autour de lui.
Μενέλαος Ἀρηΐφιλος	Ménélas cher-à-Mars
ξείνισσέ μιν πολλάκι	donna-l'hospitalité à lui souvent

οἴκῳ ἐν ἡμετέρῳ, ὁπότε Κρήτηθεν ἵκοιτο.
Νῦν δ' ἄλλους μὲν πάντας ὁρῶ ἑλίκωπας Ἀχαιούς,
οὕς κεν ἐῢ γνοίην, καὶ τοὔνομα μυθησαίμην·
δοιὼ δ' οὐ δύναμαι ἰδέειν κοσμήτορε λαῶν,
Κάστορά θ' ἱππόδαμον καὶ πὺξ ἀγαθὸν Πολυδεύκεα[1]
αὐτοκασιγνήτω, τώ μοι μία γείνατο μήτηρ.
Ἢ οὐχ ἑσπέσθην Λακεδαίμονος ἐξ ἐρατεινῆς;
ἢ δεῦρο μὲν ἕποντο νέεσσ' ἔνι ποντοπόροισι,
νῦν αὖτ' οὐκ ἐθέλουσι μάχην καταδύμεναι ἀνδρῶν,
αἴσχεα δειδιότες καὶ ὀνείδεα πόλλ', ἅ μοί ἐστιν; »
Ὣς φάτο· τοὺς δ' ἤδη κατέχεν φυσίζοος αἶα,
ἐν Λακεδαίμονι αὖθι, φίλῃ ἐν πατρίδι γαίῃ.
Κήρυκες δ' ἀνὰ ἄστυ θεῶν φέρον ὅρκια πιστά,
ἄρνε δύω καὶ οἶνον εὔφρονα, καρπὸν ἀρούρης,
ἀσκῷ ἐν αἰγείῳ· φέρε δὲ κρητῆρα φαεινὸν
κῆρυξ Ἰδαῖος ἠδὲ χρύσεια κύπελλα·
ὤτρυνεν δὲ γέροντα παριστάμενος ἐπέεσσιν·

palais, quand il venait de la Crète. Je découvre également en ce moment tous les autres Achéens au regard terrible ; il me serait aisé de les reconnaître et d'en dire les noms. Il en est deux pourtant que je ne puis voir, deux chefs de peuples, Castor, le dompteur de coursiers, et Pollux, si habile au pugilat, mes frères germains, nés tous deux de la même mère que moi. Ne seraient-ils pas sortis avec les autres de l'aimable Lacédémone, ou plutôt, transportés avec eux sur cette terre dans de rapides vaisseaux, refuseraient-ils aujourd'hui de se mêler aux combats des guerriers, dans la crainte de participer à mon opprobre et à ma honte ? »

Pendant qu'elle parlait ainsi, déjà la terre féconde les tenait enfermés dans son sein, à Lacédémone même, dans leur chère patrie.

Cependant les hérauts portaient à travers la ville les gages fidèles de l'alliance future, les deux agneaux, et, dans une outre de peau de chèvre, un vin délectable, doux fruit de la terre. Un brillant cratère et des coupes d'or étincelaient dans les mains du héraut Idéus, qui, s'approchant du vieillard, l'excite par ces paroles :

ἐν ἡμετέρῳ οἴκῳ,	dans notre maison,
ὁπότε ἵκοιτο Κρήτηθεν.	quand il venait de Crète.
Νῦν δὲ ὁρῶ	Maintenant ensuite je vois
πάντας μὲν ἄλλους Ἀχαιοὺς	tous les autres Achéens d'une part
ἑλίκωπας,	au-regard-roulant-vite,
οὕς κεν γνοίην εὖ,	lesquels j'aurais reconnus bien,
καὶ μυθησαίμην τὸ ὄνομα·	et j'aurais dit le nom *d'eux*;
οὐ δύναμαι δὲ ἰδέειν	mais je ne puis voir
δοιὼ κοσμήτορε λαῶν,	les deux chefs de peuples,
Κάστορά τε ἱππόδαμον	et Castor dompteur-de-chevaux
καὶ Πολυδεύκεα ἀγαθὸν πύξ,	et Pollux bon *quant au* poing,
αὐτοκασιγνήτω,	*mes* deux-frères-germains,
τώ μία μήτηρ γείνατό μοι.	lesquels une seule mère engendra à [moi.
Ἢ οὐχ ἑσπέσθην	Ou bien ne suivirent-ils pas *l'armée*
ἐκ Λακεδαίμονος ἐρατεινῆς;	de Lacédémone l'aimable?
ἢ ἕποντο μὲν δεῦρο	ou bien suivirent-ils d'une part ici
ἐνὶ νέεσσι ποντοπόροισι,	dans les vaisseaux passant-la-mer,
νῦν αὖτε	et d'autre part maintenant
οὐκ ἐθέλουσι	ne veulent-ils pas
καταδύμεναι μάχην ἀνδρῶν,	entrer-dans le combat des hommes,
δειδιότες αἴσχεα	craignant des hontes
καὶ ὀνείδεα πολλά,	et des opprobres nombreux
ἅ ἐστί μοι;»	lesquels sont à moi?»
Φάτο ὥς·	Elle dit ainsi;
αἶα δὲ φυσίζοος	mais la terre donnant-la-vie
κατέχεν ἤδη τοὺς	contenait déjà eux
ἐν Λακεδαίμονι αὖθι,	dans Lacédémone là-même,
ἐν γῇ πατρίδι φίλῃ.	dans la terre paternelle chérie.
Κήρυκες δὲ	Les hérauts cependant
φέρον ἀνὰ ἄστυ	portaient à travers la ville
ὅρκια πιστὰ θεῶν,	les gages-de-foi sûrs des dieux,
δύω ἄρνε	deux agneaux,
καὶ οἶνον εὔφρονα,	et un vin réjouissant-l'âme,
καρπὸν ἀρούρης,	fruit de la terre-labourable,
ἐν ἀσκῷ αἰγείῳ·	dans une outre de-peau-de-chèvre;
κήρυξ Ἰδαῖος δὲ	le héraut Idéus aussi
φέρε κρητῆρα φαεινὸν	portait un cratère brillant
ἠδὲ κύπελλα χρύσεια·	et des coupes d'-or;
παριστάμενος δὲ	et se tenant auprès
ὤτρυνε γέροντα ἐπέεσσιν·	il poussait le vieillard par des mots:

« Ὄρσεο, Λαομεδοντιάδη· καλέουσιν ἄριστοι
Τρώων θ' ἱπποδάμων καὶ Ἀχαιῶν χαλκοχιτώνων,
ἐς πεδίον καταβῆναι, ἵν' ὅρκια πιστὰ τάμητε·
αὐτὰρ Ἀλέξανδρος καὶ Ἀρηΐφιλος Μενέλαος
μακρῇς ἐγχείῃσι μαχήσοντ' ἀμφὶ γυναικί.
Τῷ δέ κε νικήσαντι γυνὴ καὶ κτήμαθ' ἕποιτο·
οἱ δ' ἄλλοι, φιλότητα καὶ ὅρκια πιστὰ ταμόντες,
ναίοιμεν Τροίην ἐριβώλακα· τοὶ δὲ νέονται
Ἄργος ἐς ἱππόβοτον καὶ Ἀχαιΐδα καλλιγύναικα. »
Ὣς φάτο· ῥίγησεν δ' ὁ γέρων, ἐκέλευσε δ' ἑταίροις
ἵππους ζευγνύμεναι· τοὶ δ' ὀτραλέως ἐπίθοντο.
Ἂν δ' ἄρ' ἔβη Πρίαμος, κατὰ δ' ἡνία τεῖνεν ὀπίσσω·
πὰρ δέ οἱ Ἀντήνωρ περικαλλέα βήσατο δίφρον.
Τὼ δὲ διὰ Σκαιῶν πεδίον δ' ἔχον ὠκέας ἵππους.
Ἀλλ' ὅτε δή ῥ' ἵκοντο μετὰ Τρῶας καὶ Ἀχαιούς,
ἐξ ἵππων ἀποβάντες ἐπὶ χθόνα πουλυβότειραν,
ἐς μέσσον Τρώων καὶ Ἀχαιῶν ἐστιχόωντο.

« Lève-toi, fils de Laomédon : les plus vaillants des Troyens, dompteurs de coursiers, et des Achéens, revêtus d'airain, t'invitent à descendre dans la plaine, pour immoler des victimes, gages d'une inviolable alliance. Pâris et Ménélas, cher à Mars, combattront pour Hélène, armés de leurs longues lances : la femme et ses trésors suivront le vainqueur; et nous autres, après avoir cimenté par le sang des victimes une solide alliance, nous retournerons tous, les uns dans la fertile Troie, les autres à Argos, riche en coursiers, et dans l'Achaïe aux belles femmes. »

Il dit, et le vieillard frémit en donnant l'ordre à ceux de sa suite d'atteler ses chevaux au char; ils obéirent promptement. Priam monte aussitôt et tire à lui les rênes; Anténor prend place à ses côtés sur le char magnifique; et tous deux, traversant la porte Scée, dirigent vers la plaine les rapides coursiers.

Parvenus bientôt près des Troyens et des Achéens, ils descendent du char sur la terre fertile, et s'avancent au milieu des deux armées.

« Ὄρσεο, Λαομεδοντιάδη,	« Lève-toi, fils-de-Laomédon,
ἄριστοι Τρώων τε	les plus excellents et des Troyens
ἱπποδάμων	dompteurs-de-chevaux
καὶ Ἀχαιῶν χαλκοχιτώνων	et des Achéens à-tunique-d'airain,
καλέουσι,	appellent *toi*,
καταβῆναι ἐς πεδίον,	pour descendre dans la plaine,
ἵνα τάμητε	afin que vous frappiez (immoliez)
ὅρκια πιστά·	des victimes-gages-de-foi fidèles;
αὐτὰρ Ἀλέξανδρος	ensuite Pâris
καὶ Μενέλαος Ἀρηΐφιλος	et Ménélas cher-à-Mars
μαχήσονται ἀμφὶ γυναικὶ	combattront pour *cette* femme
ἐγχείῃσι μακρῇς·	avec des lances longues;
γυνὴ δὲ καὶ κτήματα	alors la femme et *ses* biens
ἕποιτό κε τῷ νικήσαντι·	suivraient celui ayant vaincu;
οἱ δὲ ἄλλοι	*nous* les autres d'autre part
ταμόντες φιλότητα	ayant frappé (conclu) une amitié
καὶ ὅρκια πιστὰ,	et des gages-de-foi sûrs
ναίοιμεν Τροίην	nous retournerions à Troie
ἐριβώλακα·	aux-larges-mottes-de-terre;
τοὶ δὲ νέονται	eux au contraire retournent
ἐς Ἄργος ἱππόβοτον	à Argos nourrissant-des-chevaux
καὶ Ἀχαιΐδα καλλιγύναικα. »	et dans l'Achaïe à-belles-femmes. »
Φάτο ὥς·	Il dit ainsi;
ὁ δὲ γέρων ῥίγησεν,	le vieillard alors frissonna,
ἐκέλευσε δὲ ἑταίροις	et ordonna à *ses* compagnons
ζευγνύμεναι ἵππους·	d'atteler-au-joug *ses* chevaux;
τοὶ δὲ ἐπίθοντο ὀτραλέως.	or eux obéirent promptement.
Πρίαμος δὲ ἀνέβη ἄρα,	Puis Priam monta donc,
κατέτεινε δὲ ἡνία ὀπίσσω·	et étendit les rênes en arrière;
Ἀντήνωρ δὲ παρά οἱ	et Anténor près de lui
βήσατο δίφρον περικαλλέα.	monta le char très-magnifique.
Τὼ δὲ διὰ Σκαιῶν	Puis eux-deux par les *portes* Scées
ἔχον πεδίονδε	dirigeaient vers la plaine
ἵππους ὠκέας.	les chevaux rapides.
Ἀλλὰ ὅτε δή ῥα	Mais quand certes donc
ἵκοντο μετὰ Τρῶας καὶ Ἀχαιούς,	ils vinrent vers Troyens et Achéens,
ἀποβάντες ἐξ ἵππων	étant descendus des chevaux
ἐπὶ χθόνα πουλυβότειραν,	sur la terre très-nourricière,
ἐστιχόωντο ἐς μέσσον	ils marchèrent vers le milieu
Τρώων καὶ Ἀχαιῶν.	des Troyens et des Achéens.

Ὤρνυτο δ' αὐτίκ' ἔπειτα ἄναξ ἀνδρῶν Ἀγαμέμνων,
ἂν δ' Ὀδυσεὺς πολύμητις· ἀτὰρ κήρυκες ἀγαυοὶ
ὅρκια πιστὰ θεῶν σύναγον, κρητῆρι δὲ οἶνον
μίσγον, ἀτὰρ βασιλεῦσιν ὕδωρ ἐπὶ χεῖρας ἔχευαν.
Ἀτρείδης δὲ, ἐρυσσάμενος χείρεσσι μάχαιραν,
ἥ οἱ πὰρ ξίφεος μέγα κουλεὸν αἰὲν ἄωρτο,
ἀρνῶν ἐκ κεφαλέων τάμνε τρίχας· αὐτὰρ ἔπειτα
κήρυκες Τρώων καὶ Ἀχαιῶν νεῖμαν ἀρίστοις.
Τοῖσιν δ' Ἀτρείδης μεγάλ' εὔχετο, χεῖρας ἀνασχών·
« Ζεῦ πάτερ, Ἴδηθεν μεδέων, κύδιστε, μέγιστε,
Ἠέλιός θ', ὃς πάντ' ἐφορᾷς καὶ πάντ' ἐπακούεις,
καὶ Ποταμοὶ καὶ Γαῖα, καὶ οἳ ὑπένερθε καμόντας
ἀνθρώπους τίνυσθον, ὅτις κ' ἐπίορκον ὀμόσσῃ,
ὑμεῖς μάρτυροί ἐστε, φυλάσσετε δ' ὅρκια πιστά·
εἰ μέν κεν Μενέλαον Ἀλέξανδρος καταπέφνῃ,
αὐτὸς ἔπειθ' Ἑλένην ἐχέτω καὶ κτήματα πάντα,

Sur-le-champ se lèvent et le roi des hommes Agamemnon, et le sage Ulysse ; puis les hérauts illustres rassemblent les victimes destinées à cimenter l'alliance à la face des Dieux, mêlent le vin dans le cratère, et versent de l'eau sur les mains des rois. Le fils d'Atrée saisit et tire le glaive sacré, toujours suspendu le long du fourreau de sa longue épée, coupe au sommet de la tête des agneaux quelques poils que les hérauts s'empressent de distribuer aux principaux chefs des Troyens et des Achéens ; et, tenant les mains élevées, il prononce à haute voix cette prière solennelle :

« Jupiter, père de l'univers, toi qui règnes sur nous du haut de l'Ida, Dieu très-glorieux et très-grand, et toi, Soleil, qui vois tout et qui entends tout, et vous, Fleuves et Terre, et vous enfin, qui, dans les abîmes souterrains, punissez après leur mort les hommes parjures, soyez-nous tous témoins, et veillez à la foi de nos serments : si Pâris tue Ménélas, que Pâris retienne désormais Hélène et tous ses

Αὐτίκα δὲ ἔπειτα	Aussitôt d'autre part ensuite
Ἀγαμέμνων ἄναξ ἀνδρῶν	Agamemnon roi des hommes
ὤρνυτο,	se levait,
Ὀδυσεὺς δὲ πολύμητις ἀνα·	Ulysse très-sage se levait aussi;
ἀτὰρ κήρυκες ἀγαυοὶ	puis des hérauts illustres
σύναγον	amenaient-ensemble
ὅρκια πιστὰ	les gages-de-foi fidèles
θεῶν,	des dieux,
μίσγον δὲ οἶνον κρητῆρι,	et mêlèrent du vin dans le cratère,
ἀτὰρ ἔχευαν ὕδωρ βασιλεῦσιν	puis versèrent de l'eau aux rois
ἐπὶ χεῖρας.	sur les mains.
Ἀτρείδης δὲ,	Le fils-d'Atrée alors,
ἐρυσσάμενος χείρεσσι μάχαιραν,	ayant tiré de ses mains le glaive,
ἣ ἄωρτο αἰέν οἱ	qui était suspendu toujours à lui
παρὰ κουλεὸν μέγα ξίφεος,	le long du fourreau grand de l'épée,
τάμνε τρίχας	coupait des poils
ἐκ κεφαλέων ἀρνῶν·	des têtes des agneaux;
αὐτὰρ ἔπειτα κήρυκες	puis ensuite les hérauts
νεῖμαν ἀρίστοις	*les* distribuèrent aux meilleurs
Τρώων καὶ Ἀχαιῶν.	des Troyens et des Achéens.
Ἀτρείδης δὲ,	Alors le fils-d'Atrée,
ἀνασχὼν χεῖρας,	ayant élevé les mains,
εὔχετο μεγάλα	priait de grandes choses
τοῖσι·	au milieu d'eux.
« Ζεῦ πάτερ,	« Jupiter père,
μεδέων Ἴδηθεν,	régnant de l'Ida,
κύδιστε, μέγιστε,	très-glorieux, très-grand,
Ἠέλιός τε, ὃς ἐφορᾷς πάντα	et *toi* Soleil, qui aperçois tout
καὶ ἐπακούεις πάντα,	et entends tout;
καὶ Ποταμοὶ καὶ Γαῖα,	et *vous* Fleuves et Terre,
καὶ οἳ ὑπένερθε	et *vous* qui en dessous *de terre*
τίνυσθον ἀνθρώπους	punissez-tous-deux les hommes
καμόντας,	ayant péri,
ὅστις κεν ὀμόσσῃ ἐπίορκον,	quiconque aura juré un parjure,
ὑμεῖς ἐστὲ μάρτυροι,	vous, soyez témoins,
φυλάσσετε δὲ ὅρκια πιστά·	et gardez *nos* gages-de-foi fidèles:
εἰ μὲν Ἀλέξανδρος	si d'une part Pâris
καταπέφνῃ κεν Μενέλαον,	a tué Ménélas,
αὐτὸς ἔπειτα ἐχέτω Ἑλένην	lui-même ensuite qu'il ait Hélène
καὶ πάντα κτήματα,	et toutes *ses* possessions,

ἡμεῖς δ' ἐν νήεσσι νεώμεθα ποντοπόροισιν·
εἰ δέ κ' Ἀλέξανδρον κτείνῃ ξανθὸς Μενέλαος,
Τρῶας ἔπειθ' Ἑλένην καὶ κτήματα πάντ' ἀποδοῦναι,
τιμὴν δ' Ἀργείοις ἀποτινέμεν, ἥντιν' ἔοικεν,
ἥτε καὶ ἐσσομένοισι μετ' ἀνθρώποισι πέληται.
Εἰ δ' ἂν ἐμοὶ τιμὴν Πρίαμος Πριάμοιό τε παῖδες
τίνειν οὐκ ἐθέλωσιν, Ἀλεξάνδροιο πεσόντος,
αὐτὰρ ἐγὼ καὶ ἔπειτα μαχήσομαι εἵνεκα ποινῆς,
αὖθι μένων, εἵως κε τέλος πολέμοιο κιχείω. »
  Ἦ, καὶ ἀπὸ στομάχους ἀρνῶν τάμε νηλέϊ χαλκῷ·
καὶ τοὺς μὲν κατέθηκεν ἐπὶ χθονὸς ἀσπαίροντας,
θυμοῦ δευομένους· ἀπὸ γὰρ μένος εἵλετο χαλκός.
Οἶνον δ' ἐκ κρητῆρος ἀφυσσάμενοι δεπάεσσιν,
ἔκχεον, ἠδ' εὔχοντο θεοῖς αἰειγενέτῃσιν·
ὧδε δέ τις εἴπεσκεν Ἀχαιῶν τε Τρώων τε·
  « Ζεῦ κύδιστε, μέγιστε, καὶ ἀθάνατοι θεοὶ ἄλλοι,
ὁππότεροι πρότεροι ὑπὲρ ὅρκια πημήνειαν,
ὧδέ σφ' ἐγκέφαλος χαμάδις ῥέοι ὡς ὅδε οἶνος,

tresors ; nous, nous regagnerons nos foyers sur nos vaisseaux à la course rapide : si, au contraire, Pâris succombe sous les efforts du blond Ménélas, que les Troyens rendent Hélène et tous ses trésors, et qu'ils payent aux Argiens une amende convenable, dont le souvenir se conserve jusque chez les générations à venir. Que si, Pâris venant à succomber, Priam et les fils de Priam refusent de me payer l'amende, moi, Agamemnon, je combattrai désormais pour l'amende, et je ne sortirai point d'ici que je n'aie vu la fin de cette guerre. »

Il dit, et d'un fer sans pitié, il égorge les agneaux ; puis il les dépose sur la terre, palpitants, sans vie, privés de mouvement par le glaive meurtrier. On puise alors le vin dans le cratère, on fait des libations avec les coupes, et l'on adresse des prières aux Dieux éternels : chacun des Achéens et des Troyens s'écrie :

« Jupiter très-glorieux et très-grand, et vous tous, Dieux immortels, quels que soient ceux qui les premiers violent la foi de ces serments, que leur cervelle s'épanche sur la terre comme ce vin, leur

ἡμεῖς δὲ νεώμεθα	et nous que nous retournions
ἐν νήεσσι ποντοπόροισιν·	dans *nos* vaisseaux passant-la-mer ;
εἰ δὲ Μενέλαος ξανθὸς	si d'autre part Ménélas blond
κτείνῃ κεν Ἀλέξανδρον,	a tué Pâris,
Τρῶας ἔπειτα ἀποδοῦναι	*il faut* les Troyens ensuite rendre
Ἑλένην καὶ πάντα κτήματα,	Hélène et toutes *ses* possessions,
ἀποτινέμεν δὲ Ἀργείοις	payer ensuite aux Argiens
τιμὴν, ἥντινα ἔοικεν,	l'amende qu'il est-convenable *de*
ἥτε καὶ πέληται	laquelle aussi puisse-exister [*payer*,
μετὰ ἀνθρώποισιν ἐσσομένοισιν.	parmi les (dans la mémoire des) hom-
Εἰ δὲ Πρίαμος	Puis si Priam [mes devant être.
παῖδές τε Πριάμοιο	et les enfants de Priam
οὐκ ἂν ἐθέλωσι	n'ont pas voulu
τίνειν ἐμοὶ τιμὴν,	payer à moi l'amende,
Ἀλεξάνδροιο πεσόντος,	Pâris ayant succombé,
αὐτὰρ ἐγὼ καὶ ἔπειτα	mais d'autre part même ensuite
μαχήσομαι εἵνεκα ποινῆς,	je combattrai à cause de l'amende,
μένων αὖθι,	restant ici-même,
ἕως κε κιχείω	jusqu'à ce que j'aurai rencontré
τέλος πολέμοιο. »	la fin de la guerre. »
Ἦ, καὶ ἀπέταμε	Il dit, et coupa
χαλκῷ νηλέϊ	avec un fer sans-pitié
στομάχους ἀρνῶν·	les gorges des agneaux ;
καὶ κατέθηκε μὲν ἐπὶ χθονὸς	et déposa d'une part sur le sol
τοὺς ἀσπαίροντας,	eux palpitants,
δευομένους θυμοῦ·	manquant de vie ;
χαλκὸς γὰρ ἀφείλετο μένος.	car le fer *leur* enleva la force.
Ἀφυσσάμενοι δὲ οἶνον	Puis ayant puisé du vin
ἐκ κρητῆρος δεπάεσσιν	du cratère avec des coupes
ἔκχεον,	ils *le* versaient,
ἠδὲ εὔχοντο θεοῖς	et priaient les dieux
αἰειγενέτῃσι·	existant-toujours ;
τὶς δὲ Ἀχαιῶν τε Τρώων τε	et chacun et des Achéens et des
εἴπεσκεν ὧδε	disait ainsi : [Troyens
« Ζεῦ κύδιστε, μέγιστε,	« Jupiter très-glorieux, très-grand,
καὶ ἄλλοι θεοὶ ἀθάνατοι,	et autres dieux immortels,
ὁππότεροι πρότεροι	lesquels-des-deux les premiers
πημήνειαν ὑπὲρ ὅρκια,	auraient transgressé les serments,
ἐγκέφαλος ῥέοι σφι χαμάδις	que la cervelle coule à eux à terre
ὧδε ὡς ὅδε οἶνος,	ainsi comme ce vin,

αὐτῶν, καὶ τεκέων, ἄλοχοι δ' ἄλλοισι δαμεῖεν. »
Ὣς ἔφαν· οὐδ' ἄρα πώ σφιν ἐπεκραίαινε Κρονίων.
Τοῖσι δὲ Δαρδανίδης Πρίαμος μετὰ μῦθον ἔειπε·
« Κέκλυτέ μευ, Τρῶες καὶ ἐϋκνήμιδες Ἀχαιοί·
ἤτοι ἐγὼν εἶμι προτὶ Ἴλιον ἠνεμόεσσαν
ἄψ, ἐπεὶ οὔπω τλήσομ' ἐν ὀφθαλμοῖσιν ὁρᾶσθαι
μαρνάμενον φίλον υἱὸν Ἀρηϊφίλῳ Μενελάῳ.
Ζεὺς μέν που τόγε οἶδε καὶ ἀθάνατοι θεοὶ ἄλλοι,
ὁπποτέρῳ θανάτοιο τέλος πεπρωμένον ἐστίν. »
Ἦ ῥα, καὶ ἐς δίφρον ἄρνας θέτο ἰσόθεος φώς·
ἂν δ' ἄρ' ἔβαιν' αὐτὸς, κατὰ δ' ἡνία τεῖνεν ὀπίσσω·
πὰρ δέ οἱ Ἀντήνωρ περικαλλέα βήσατο δίφρον·
τὼ μὲν ἄρ' ἄψοῤῥοι προτὶ Ἴλιον ἀπονέοντο.
Ἕκτωρ δὲ, Πριάμοιο πάϊς, καὶ δῖος Ὀδυσσεὺς
χῶρον μὲν πρῶτον διεμέτρεον· αὐτὰρ ἔπειτα
κλήρους ἐν κυνέῃ χαλκήρεϊ πάλλον ἑλόντες,
ὁππότερος δὴ πρόσθεν ἀφείη χάλκεον ἔγχος.

cervelle et celle de leurs enfants, et que leurs épouses subissent les lois d'une couche étrangère ! »

Tels étaient leurs vœux ; mais le fils de Saturne ne les exauça point. Cependant Priam, fils de Dardanus, s'adressa ainsi aux deux armées :

« Écoutez-moi, Troyens, et vous, Achéens aux belles cnémides : moi, je retourne dans la haute Ilion ; car je ne saurais contempler de mes propres yeux le combat de mon fils chéri contre Ménélas le favori de Mars. Seuls, Jupiter et les autres Dieux immortels, savent pour lequel des deux les destins ont marqué l'heure du trépas. »

Il dit, et, mortel semblable à un Dieu, il place sur le char les agneaux immolés ; puis il monte lui-même, tire les rênes, fait placer Anténor près de lui sur le char magnifique, et tous deux, retournant en arrière, reprennent le chemin d'Ilion.

Hector, fils de Priam, et le divin Ulysse, commencèrent par mesurer le terrain ; ensuite ils agitèrent les sorts dans un casque d'airain, pour décider qui des deux lancerait le premier son javelot. Pendant

αὐτῶν καὶ τεκέων,	d'eux et de *leurs* enfants,
ἄλοχοι δὲ	et que *leurs* épouses
δαμεῖεν ἄλλοισιν. »	soient domptées par d'autres! »
Ἔφαν ὥς·	Ils dirent ainsi ;
οὐδὲ Κρονίων ἄρα	et le fils-de Saturne donc
ἐπεκραίαινέ πώ σφιν.	n'exauça pas encore eux.
Πρίαμος δὲ Δαρδανίδης	Or Priam fils-de-Dardanus
μετέειπε μῦθον τοῖσι·	dit un discours à eux :
« Κέκλυτέ μευ, Τρῶες	« Écoutez-moi, Troyens,
καὶ Ἀχαιοὶ ἐϋκνήμιδες·	et Achéens aux-belles-cnémides ;
ἤτοι ἐγὼν εἶμι ἄψ	certes moi j'irai en-arrière
προτὶ Ἴλιον ἠνεμόεσσαν,	vers Ilion battue-des-vents,
ἐπεὶ τλήσομαι οὔπω	car je ne supporterai pas encore
ὁρᾶσθαι ἐν ὀφθαλμοῖσιν	de voir sous *mes* yeux
υἱὸν φίλον μαρνάμενον	*mon* fils chéri combattant
Μενελάῳ Ἀρηϊφίλῳ·	contre Ménélas cher-à-Mars ;
Ζεὺς μὲν οἶδέ που τόγε	Jupiter d'une part sait certes ceci,
καὶ ἄλλοι θεοὶ ἀθάνατοι,	et les autres dieux immortels,
ὁπποτέρῳ τέλος θανάτοιο	à qui des deux la fin de la mort
ἐστὶ πεπρωμένον. »	est donnée-par-les-destins. »
Ἦ ῥα,	Il dit donc,
καὶ φὼς ἰσόθεος	et mortel égal-à-un-dieu
θέτο ἄρνας ἐς δίφρον·	il plaça des agneaux sur *son* char ;
ἀνέβαινε δὲ ἄρα αὐτὸς,	puis monta donc lui-même,
κατέτεινε δὲ ἡνία ὀπίσσω·	puis tendit les rênes en arrière ;
Ἀντήνωρ δὲ παρά οἱ	Anténor ensuite près de lui
βήσατο δίφρον	monta le char-à-deux-places
περικαλλέα·	très-magnifique ;
τὼ μὲν ἄρα	tous deux d'une part donc
ἄψοῤῥοι	retournant-en-arrière
ἀπονέοντο προτὶ Ἴλιον.	retournèrent vers Ilion.
Ἕκτωρ δὲ,	Hector d'autre part,
πάϊς Πριάμοιο,	fils de Priam,
καὶ Ὀδυσσεὺς δῖος,	et Ulysse divin
διεμέτρεον μὲν πρῶτον χῶρον·	mesurèrent à la vérité d'abord le lieu,
αὐτὰρ ἔπειτα ἑλόντες κλήρους	puis ensuite ayant pris des sorts
πάλλον ἐν κυνέῃ χαλκήρεϊ,	ils agitaient dans un casque d'-airain
ὁππότερος δὴ	*pour voir* lequel des deux certes
ἀφείη πρόσθεν	lancerait avant *l'autre*
ἔγχος χάλκεον.	la lance d'-airain.

Λαοὶ δ' ἠρήσαντο, θεοῖσι δὲ χεῖρας ἀνέσχον·
ὧδε δέ τις εἴπεσκεν Ἀχαιῶν τε Τρώων τε·
« Ζεῦ πάτερ, Ἴδηθεν μεδέων, κύδιστε, μέγιστε
ὁππότερος τάδε ἔργα μετ' ἀμφοτέροισιν ἔθηκε,
τὸν δὸς ἀποφθίμενον δῦναι δόμον Ἄϊδος εἴσω,
ἡμῖν δ' αὖ φιλότητα καὶ ὅρκια πιστὰ γενέσθαι! »
Ὣς ἄρ' ἔφαν· πάλλεν δὲ μέγας κορυθαίολος Ἕκτωρ,
ἂψ ὁρόων· Πάριος δὲ θοῶς ἐκ κλῆρος ὄρουσεν.
Οἱ μὲν ἔπειθ' ἵζοντο κατὰ στίχας, ἧχι ἑκάστῳ
ἵπποι ἀερσίποδες καὶ ποικίλα τεύχε' ἔκειτο.
Αὐτὰρ ὅγ' ἀμφ' ὤμοισιν ἐδύσατο τεύχεα καλὰ
δῖος Ἀλέξανδρος, Ἑλένης πόσις ἠϋκόμοιο.
Κνημῖδας μὲν πρῶτα περὶ κνήμῃσιν ἔθηκε
καλὰς, ἀργυρέοισιν ἐπισφυρίοις ἀραρυίας·
δεύτερον αὖ θώρηκα περὶ στήθεσσιν ἔδυνεν
οἷο κασιγνήτοιο Λυκάονος[1]· ἥρμοσε δ' αὐτῷ.

ces préparatifs, les peuples priaient, les mains élevées vers les Dieux; et chacun des Achéens et des Troyens s'écriait :

« Jupiter, père de l'univers, toi qui règnes sur nous du haut de l'Ida, Dieu très-glorieux, très-grand, permets que celui qui le premier fit naître ces hostilités entre les deux peuples, immolé aujourd'hui, descende dans les demeures de Pluton, et que nous, fidèles à nos serments, nous vivions dans une heureuse alliance! »

Tels étaient les vœux de tous, pendant que le grand Hector au casque brillant, agitait les sorts en détournant les yeux; soudain du casque sortit celui de Pâris. Les troupes se placèrent aussitôt en rang, chacun près de ses chevaux aux pieds rapides et de ses armes brillantes. Alors le divin Pâris, époux d'Hélène à la belle chevelure, jeta autour de ses épaules sa superbe armure; et d'abord il entoura ses jambes de magnifiques cnémides, attachées avec des agrafes d'argent; puis il couvrit sa poitrine de la cuirasse de son frère Lycaon, qui s'adaptait parfaitement à sa taille: puis il jeta autour de ses épaules

Λαοὶ δὲ ἠρήσαντο,
ἀνέσχον δὲ χεῖρας θεοῖσι·
τὶς δὲ Ἀχαιῶν τε Τρώων τε
εἴπεσκεν ὧδε·
« Ζεῦ πάτερ,
μεδέων Ἴδηθεν,
κύδιστε, μέγιστε,
ὁππότερος ἔθηκε τάδε ἔργα
μετὰ ἀμφοτέροισι,
δὸς τὸν ἀποφθίμενον
δῦναι εἴσω
δόμον Ἄϊδος,
φιλότητα δὲ αὖ
καὶ ὅρκια πιστὰ
γενέσθαι ἡμῖν ! »
Ἔφαν ἄρα ὥς·
Ἕκτωρ δὲ μέγας
κορυθαίολος
πάλλεν,
ὁρόων ἄψ·
κλῆρος δὲ Πάριος
ἐξόρουσε θοῶς.
Οἱ μὲν ἔπειτα
ἵζοντο κατὰ στίχας,
ἧχι ἵπποι ἀερσίποδες
καὶ τεύχεα ποικίλα
ἔκειτο ἑκάστῳ.
Αὐτὰρ ὅγε Ἀλέξανδρος δῖος
πόσις Ἑλένης ἠϋκόμοιο
ἐδύσατο ἀμφὶ ὤμοισι
τεύχεα καλά.
Ἔθηκε μὲν πρῶτα
περὶ κνήμῃσι
κνημῖδας καλάς,
ἀραρυίας ἐπισφυρίοις ἀργυρέοισι·
δεύτερον αὖ
ἔδυνε περὶ στήθεσσι
θώρηκα Λυκάονος
οἷο κασιγνήτοιο·
ἥρμοσε δὲ αὐτῷ.

Les peuples alors prièrent
et élevèrent les mains aux dieux :
et chacun et des Achéens et des
disait ainsi : [Troyens
« Jupiter père,
régnant de l'Ida.
très-glorieux, très-grand,
celui-des-deux-qui a mis ces œuvres
parmi les deux *partis*,
donne celui-là tué
descendre dans l'intérieur
de la demeure de Pluton,
puis amitié en revanche
et gages-de-foi fidèles
être à nous ! »
Ils dirent donc ainsi ;
alors Hector grand
au-casque-brillant
agitait *le casque pour les sorts*,
regardant en arrière;
or le sort de Pâris
s'élança-dehors promptement.
Les *autres* à la vérité ensuite
s'asseyaient par rangs,
où les chevaux aux-pieds-vifs
et les armes variées
reposaient à chacun.
Puis celui-là Pâris divin
époux d'Hélène aux-beaux-cheveux
revêtit autour des épaules
ses armes belles.
Il mit à la vérité d'abord
autour de *ses* jambes
des cnémides belles,
adaptées par des agrafes d'argent;
secondement d'autre part
il revêtit autour de *sa* poitrine
la cuirasse de Lycaon
son frère ;
or elle s'adapta à lui.

Ἀμφὶ δ' ἄρ' ὤμοισιν βάλετο ξίφος ἀργυρόηλον,
χάλκεον· αὐτὰρ ἔπειτα σάκος μέγα τε στιβαρόν τε·
κρατὶ δ' ἐπ' ἰφθίμῳ κυνέην εὔτυκτον ἔθηκεν,
ἵππουριν· δεινὸν δὲ λόφος καθύπερθεν ἔνευεν.
Εἵλετο δ' ἄλκιμον ἔγχος, ὅ οἱ παλάμηφιν ἀρήρει.
Ὣς δ' αὔτως Μενέλαος Ἀρήϊος ἔντε' ἔδυνεν.
Οἱ δ' ἐπεὶ οὖν ἑκάτερθεν ὁμίλου θωρήχθησαν,
ἐς μέσσον Τρώων καὶ Ἀχαιῶν ἐστιχόωντο,
δεινὸν δερκόμενοι· θάμβος δ' ἔχεν εἰσορόωντας
Τρῶάς θ' ἱπποδάμους καὶ ἐϋκνήμιδας Ἀχαιούς.
Καί ῥ' ἐγγὺς στήτην διαμετρητῷ ἐνὶ χώρῳ,
σείοντ' ἐγχείας, ἀλλήλοισιν κοτέοντε.
Πρόσθε δ' Ἀλέξανδρος προΐει δολιχόσκιον ἔγχος,
καὶ βάλεν Ἀτρείδαο κατ' ἀσπίδα πάντοσ' ἐΐσην·
οὐδ' ἔρρηξεν χαλκόν· ἀνεγνάμφθη δέ οἱ αἰχμὴ
ἀσπίδ' ἐνὶ κρατερῇ. Ὁ δὲ δεύτερος ὤρνυτο χαλκῷ

une épée d'airain, ornée de clous d'argent, et un large et solide bouclier; ensuite sur sa tête robuste, il plaça un casque admirablement travaillé, ombragé d'une superbe queue de cheval, et surmonté d'une aigrette qui s'agitait d'une manière formidable ; enfin il saisit une forte lance, que ses mains brandissaient sans effort. De son côté, Ménélas le brave se revêtait également de ses armes.

Lors donc qu'ils se furent armés, chacun du côté des siens, ils s'avancèrent au milieu des Troyens et des Achéens, en se lançant des regards terribles, qui firent frissonner tous les spectateurs, Troyens, dompteurs de coursiers, et Achéens aux belles cnémides. Puis, tous deux s'arrêtèrent à peu de distance, dans l'espace mesuré, agitant leurs lances, et furieux l'un contre l'autre. Alors Pâris, le premier, lance son long javelot ; il atteint le bouclier parfaitement arrondi du fils d'Atrée, mais sans en rompre l'airain : la pointe se recourbe sur

Βάλετο δὲ ἄρα	Il se jeta d'autre part donc
ἀμφὶ ὤμοισι	autour des épaules
ξίφος ἀργυρόηλον	une épée à-clous-d'argent,
χάλκεον·	d'-airain ;
αὐτὰρ ἔπειτα σάκος	puis ensuite un bouclier
μέγα τε στιβαρόν τε·	et grand et solide ;
ἐπὶ κρατὶ δὲ ἰφθίμῳ	puis sur *sa* tête forte
ἔθηκε κυνέην εὔτυκτον,	il plaça un casque bien-fabriqué,
ἵππουριν·	à-queue-de-cheval ;
καθύπερθεν δὲ	et d'en dessus
λόφος ἔνευε	une aigrette s'agitait
δεινόν.	d'une-façon-terrible.
Εἵλετο δὲ ἔγχος ἄλκιμον,	Il prit ensuite une lance forte,
ὃ ἀρήρει παλάμηφίν οἱ.	qui s'adaptait à la main à lui.
Μενέλαος δὲ Ἀρήϊος	Ménélas le Martial d'autre part
ἔδυνεν ἔντεα ὣς αὔτως.	revêtait ses armes ainsi de même.
Οἱ δὲ οὖν,	Or eux donc,
ἐπεὶ θωρήχθησαν	lorsqu'ils se furent armés
ἑκάτερθεν ὁμίλου,	des deux côtés de la foule,
ἐστιχόωντο ἐς μέσσον	marchaient vers le milieu
Τρώων τε καὶ Ἀχαιῶν,	et des Troyens et des Achéens,
δερκόμενοι δεινόν·	regardant d'une-façon-terrible ;
θάμβος δὲ	un trouble alors
ἔχεν εἰσορόωντας	avait *ceux* contemplant *eux*
Τρῶάς τε ἱπποδάμους	et Troyens dompteurs-de-chevaux
καὶ Ἀχαιοὺς ἐϋκνήμιδας.	et Achéens aux-belles-cnémides.
Καί ῥα στήτην ἐγγὺς	Et donc ils se tinrent-tous-deux près
ἐνὶ χώρῳ διαμετρητῷ,	dans le lieu mesuré,
σείοντε ἐγχείας,	agitant-tous-deux *leurs* lances,
κοτέοντε ἀλλήλοισιν.	irrités-tous-deux l'un contre l'autre.
Ἀλέξανδρος δὲ πρόσθε	Or Pâris avant *l'autre*
προΐει ἔγχος	envoyait-en-avant *sa* lance
δολιχόσκιον,	à-la-longue-ombre,
καὶ βάλε κατὰ ἀσπίδα	et il frappa sur le bouclier
ἐΐσην πάντοσε	égal en-tous-sens
Ἀτρεΐδαο·	du fils-d'Atrée,
οὐδὲ ἔρρηξε χαλκόν·	et n'*en* rompit pas l'airain ;
αἰχμὴ δὲ ἀνεγνάμφθη οἱ	mais la pointe fut courbée à lui
ἐνὶ ἀσπίδι κρατερῇ.	sur le bouclier solide.
Ὁ δὲ δεύτερος	Celui-là d'autre part le second

Ἀτρείδης Μενέλαος, ἐπευξάμενος Διῒ πατρί·
« Ζεῦ ἄνα, δὸς τίσασθαι, ὅ με πρότερος κάκ' ἔοργε,
δῖον Ἀλέξανδρον, καὶ ἐμῇς ὑπὸ χερσὶ δάμασσον·
ὄφρα τις ἐῤῥίγησι καὶ ὀψιγόνων ἀνθρώπων
ξεινοδόκον κακὰ ῥέξαι, ὅ κεν φιλότητα παράσχῃ. »
Ἦ ῥα, καὶ ἀμπεπαλὼν προΐει δολιχόσκιον ἔγχος,
καὶ βάλε Πριαμίδαο κατ' ἀσπίδα πάντοσ' ἐΐσην.
Διὰ μὲν ἀσπίδος ἦλθε φαεινῆς ὄβριμον ἔγχος,
καὶ διὰ θώρηκος πολυδαιδάλου ἠρήρειστο·
ἀντικρὺ δὲ παραὶ λαπάρην διάμησε χιτῶνα
ἔγχος· ὁ δ' ἐκλίνθη, καὶ ἀλεύατο Κῆρα μέλαιναν.
Ἀτρείδης δὲ, ἐρυσσάμενος ξίφος ἀργυρόηλον,
πλῆξεν ἀνασχόμενος κόρυθος φάλον· ἀμφὶ δ' ἄρ' αὐτῷ
τριχθά τε καὶ τετραχθὰ διατρυφὲν ἔκπεσε χειρός.
Ἀτρείδης δ' ᾤμωξεν, ἰδὼν εἰς οὐρανὸν εὐρύν·
« Ζεῦ πάτερ, οὔτις σεῖο θεῶν ὀλοώτερος ἄλλος·

le solide métal. A son tour, Ménélas, fils d'Atrée, se précipite la lance en avant ; et, s'adressant à Jupiter, père de l'univers :

« Puissant Jupiter, s'écrie-t-il, permets que je punisse le divin Pâris, qui, le premier, m'a outragé, et qu'il succombe, dompté par ma main, afin que, jusqu'à la postérité la plus reculée, chacun tremble d'outrager l'hôte qui l'aura reçu avec amitié. »

En disant ces mots, il brandit vivement et lance son long javelot, qui vient frapper le bouclier parfaitement arrondi du fils de Priam. Le trait vigoureux traverse le bouclier brillant, pénètre dans la cuirasse admirablement travaillée, et, ressortant à l'autre extrémité, déchire la tunique le long du flanc ; mais Pâris se courbe, et se dérobe ainsi à la sombre Parque. Aussitôt le fils d'Atrée tire son épée ornée de clous d'argent, la lève, et frappe le cimier du casque ; mais l'arme, brisée par l'airain en trois et quatre éclats, s'échappe de sa main. Le fils d'Atrée ne peut contenir ses gémissements.

« Jupiter, père de l'univers, dit-il, en levant les yeux vers les

Μενέλαος Ἀτρείδης
ὤρνυτο χαλκῷ,
ἐπευξάμενος Διὶ πατρί·
« Ζεῦ ἄνα,
δὸς τίσασθαι
Ἀλέξανδρον δῖον
ὃ πρότερος ἔοργέ με κακὰ,
καὶ δάμασσον ὑπὸ ἐμῆς χερσίν·
ὄφρα τις ἐῤῥίγῃσι
καὶ ἀνθρώπων ὀψιγόνων
ῥέξαι κακὰ
ξεινοδόκον,
ὅ κεν παράσχῃ φιλότητα. »
Ἦ ῥα,
καὶ ἀμπεπαλὼν προΐει
ἔγχος δολιχόσκιον,
καὶ βάλε κατὰ ἀσπίδα
ἐΐσην πάντοσε Πριαμίδαο.
Ἔγχος μὲν ὄβριμον
ἦλθε διὰ ἀσπίδος φαεινῆς,
καὶ ἠρήρειστο
διὰ θώρηκος
πολυδαιδάλου·
ἔγχος δὲ διάμησε
χιτῶνα ἀντικρὺ παρὰ λαπάρην·
ὁ δὲ ἐκλίνθη
καὶ ἀλεύατο Κῆρα μέλαιναν.
Ἀτρείδης δὲ
ἐρυσσάμενος ξίφος
ἀργυρόηλον,
ἀνασχόμενος
πλῆξε φάλον κόρυθος·
διατρυφὲν δὲ ἄρα ἀμφὶ αὐτῷ
ἐξέπεσε χειρὸς
τριχθά τε καὶ τετραχθά.
Ἀτρείδης δὲ ᾤμωξεν
ἰδὼν εἰς οὐρανὸν εὐρύν·
« Ζεῦ πάτερ,
οὔτις ἄλλος θεῶν
ὀλοώτερος σεῖο·

Ménélas fils-d'Atrée
s'élançait avec *son* fer,
ayant prié Jupiter père :
« Jupiter roi,
donne-*moi* de punir
Pâris divin,
qui le premier a fait à moi du mal,
et dompte-*le* par mes mains;
afin que chacun frissonne
même des hommes nés-plus-tard
de faire du mal
à l'hôte-recevant-lui,
lequel aura offert *à lui* amitié. »
Il dit donc,
et ayant brandi il envoyait-en-avant
sa lance à-longue-ombre,
et il frappa sur le bouclier
égal en-tous-sens du fils-de-Priam.
La lance forte d'une part
alla à travers le bouclier brillant,
et s'était adaptée
à travers la cuirasse
très-artistement-travaillée ;
la lance déchira d'autre part
la tunique en face le long du flanc ;
lui alors s'inclina
et évita la Parque noire.
Le fils-d'Atrée ensuite
ayant tiré *son* épée
à-clous-d'argent
*l'*ayant tenue-en-haut
frappa le cimier du casque,
mais brisée donc autour de lui
elle tomba de *sa* main
et en-trois et en-quatre.
Or le fils-d'Atrée gémit
ayant regardé vers le ciel large :
« Jupiter père,
pas un autre des dieux
n'est plus pernicieux que toi ;

ἧ τ' ἐφάμην τίσεσθαι Ἀλέξανδρον κακότητος·
νῦν δέ μοι ἐν χείρεσσ' ἐάγη ξίφος· ἐκ δέ μοι ἔγχος
ἠΐχθη παλάμηφιν ἐτώσιον, οὐδ' ἔβαλόν μιν. »
Ἦ καὶ ἐπαΐξας κόρυθος λάβεν ἱπποδασείης,
ἕλκε δ' ἐπιστρέψας μετ' ἐϋκνήμιδας Ἀχαιούς·
ἄγχε δέ μιν πολύκεστος ἱμὰς ἁπαλὴν ὑπὸ δειρὴν,
ὅς οἱ ὑπ' ἀνθερεῶνος ὀχεὺς τέτατο τρυφαλείης.
Καί νύ κεν εἴρυσσέν τε καὶ ἄσπετον ἤρατο κῦδος,
εἰ μὴ ἄρ' ὀξὺ νόησε Διὸς θυγάτηρ Ἀφροδίτη,
ἥ οἱ ῥῆξεν ἱμάντα βοὸς ἶφι κταμένοιο·
κεινὴ δὲ τρυφάλεια ἅμ' ἕσπετο χειρὶ παχείῃ.
Τὴν μὲν ἔπειθ' ἥρως μετ' ἐϋκνήμιδας Ἀχαιοὺς
ῥίψ' ἐπιδινήσας, κόμισαν δ' ἐρίηρες ἑταῖροι.
Αὐτὰρ ὁ ἂψ ἐπόρουσε, κατακτάμεναι μενεαίνων
ἔγχεϊ χαλκείῳ· τὸν δ' ἐξήρπαξ' Ἀφροδίτη
ῥεῖα μάλ', ὥστε θεός· ἐκάλυψε δ' ἄρ' ἠέρι πολλῇ,
κὰδ δ' εἷσ' ἐν θαλάμῳ εὐώδεϊ, κηώεντι.

vastes plaines du ciel, non, il n'est point d'autre Dieu plus cruel que toi : je m'étais flatté de faire expier à Pâris sa scélératesse, et voilà que mon épée se brise entre mes mains, et que mon javelot, lancé vainement, n'atteint point le perfide! »

Il dit, s'élance, saisit son adversaire par son casque ombragé d'une épaisse crinière, se retourne soudain, et l'entraîne parmi les Achéens aux belles cnémides; la courroie, richement brodée, qui s'étend sous le menton du héros et retient sur sa tête le casque à trois aigrettes, serre sa gorge délicate. C'en était fait; Ménélas l'entraînait, et se couvrait d'une gloire indicible, si la fille de Jupiter, si Vénus ne s'en fût aperçue à l'instant, et n'eût brisé la courroie, dépouille d'un taureau tué violemment. Le casque seul suivit la main vigoureuse de Ménélas. Il le fait pirouetter en l'air, et le lance au milieu des Achéens aux belles cnémides, où il est aussitôt relevé par les compagnons dévoués du héros. Cependant Pâris s'élançait de nouveau, impatient d'enfoncer son javelot d'airain dans les flancs de son ennemi; mais Vénus l'enlève sans peine, en sa qualité de déesse, le cache au milieu d'un nuage épais, et le dépose bientôt dans la chambre nuptiale, où brûlaient des parfums odorants. De là, elle va elle-même appeler

ἦ τε ἐφάμην	certes je m'étais dit
τίσεσθαι Ἀλέξανδρον κακότητος·	devoir punir Pâris de *sa* méchanceté;
νῦν δὲ ξίφος	or maintenant l'épée
ἐάγη μοι ἐν χείρεσσιν·	a été brisée à moi dans les mains;
ἔγχος δὲ ἠΐχθη ἐτώσιόν μοι	et la lance s'est élancée vaine à moi
ἐκ παλάμηφιν,	de la paume *de ma main*,
οὐδὲ ἔβαλόν μιν.»	et je n'ai pas frappé lui.»
Ἦ, καὶ ἐπαΐξας	Il dit, et s'étant élancé
λάβε κόρυθος	il saisit *lui* par *son* casque
ἱπποδασείης,	à-épaisse-crinière-de-cheval,
ἐπιστρέψας δὲ ἕλκε	et s'étant retourné il traînait *lui*
μετὰ Ἀχαιοὺς ἐϋκνήμιδας·	vers les Achéens à-belles-cnémides;
ἱμὰς δὲ πολύκεστος	la courroie aux-nombreuses-broderies
ὑπὸ δειρὴν ἁπαλὴν	sous *son* cou tendre
ἄγχε μιν,	étranglait lui,
ὅς τέτατό οἱ	laquelle avait été tendue à lui
ὑπὸ ἀνθερεῶνος	sous le menton
ὀχεὺς τρυφαλείης.	lien du casque-à-trois-pointes.
Καί νύ κεν εἴρυσσέν τε	Et certes et il eût entraîné *lui*
καὶ ἤρατο κῦδος ἄσπετον,	et eût enlevé une gloire indicible,
εἰ Ἀφροδίτη θυγάτηρ Διὸς	si Vénus fille de Jupiter
μὴ ἄρα νόησεν ὀξὺ,	ne *l'*eût aperçu donc vivement,
ἥ ῥῆξέν οἱ ἱμάντα	laquelle rompit à lui la courroie
βοὸς κταμένοιο ἶφι·	d'un bœuf tué violemment;
τρυφάλεια δὲ	le casque
ἕσπετο ἅμα χειρὶ παχείῃ.	suivit en même temps la main robuste.
Ἔπειτα μὲν ἥρως	Ensuite le héros d'une part
ἐπιδινήσας ῥίψε τὴν	ayant fait-tourner jeta lui
μετὰ Ἀχαιοὺς ἐϋκνήμιδας,	parmi les Achéens à-belles-cnémides,
ἑταῖροι δὲ ἐρίηρες	et des compagnons très-unis *à lui*
κόμισαν.	emportèrent *ce casque*.
Αὐτὰρ ὁ ἐπόρουσεν ἄψ	Puis lui s'élança de nouveau,
μενεαίνων κατακτάμεναι	désirant-avec-passion *l'*avoir tué
ἔγχεϊ χαλκείῳ·	de *sa* lance d'-airain.
Ἀφροδίτη δὲ, ὥστε θεὸς,	Mais Vénus, comme déesse,
ἐξήρπαξε τὸν μάλα ῥεῖα·	enleva celui-là très-aisément;
ἐκάλυψε δὲ ἄρα	et elle *l'*enveloppa donc
ἠέρι πολλῇ,	d'un brouillard abondant,
καθεῖσε δὲ ἐν θαλάμῳ	et *le* déposa dans *sa* chambre-nuptiale
εὐώδεϊ, κηώεντι.	à-bonne-odeur, à-parfums-brûlés.

Αὐτὴ δ' αὖθ' Ἑλένην καλέουσ' ἴε· τὴν δ' ἐκίχανε
πύργῳ ἐφ' ὑψηλῷ· περὶ δὲ Τρωαὶ ἅλις ἦσαν.
Χειρὶ δὲ νεκταρέου ἑανοῦ ἐτίναξε λαβοῦσα·
γρηῒ δέ μιν εἰκυῖα παλαιγενέϊ προσέειπεν,
εἰροκόμῳ, ἥ οἱ Λακεδαίμονι ναιεταώσῃ
ἤσκειν εἴρια καλά, μάλιστα δέ μιν φιλέεσκε·
τῇ μιν ἐεισαμένη προσεφώνεε δῖ' Ἀφροδίτη·
« Δεῦρ' ἴθ'· Ἀλέξανδρός σε καλεῖ οἶκόνδε νέεσθαι.
Κεῖνος ὅγ' ἐν θαλάμῳ καὶ δινωτοῖσι λέχεσσι,
κάλλεΐ τε στίλβων καὶ εἵμασιν· οὐδέ κε φαίης
ἀνδρὶ μαχησάμενον τόνγ' ἐλθεῖν, ἀλλὰ χορόνδε
ἔρχεσθ', ἠὲ χοροῖο νέον λήγοντα καθίζειν. »
Ὣς φάτο· τῇ δ' ἄρα θυμὸν ἐνὶ στήθεσσιν ὄρινε.
Καί ῥ' ὡς οὖν ἐνόησε θεᾶς περικαλλέα δειρὴν,
στήθεά θ' ἱμερόεντα καὶ ὄμματα μαρμαίροντα,
θάμβησέν τ' ἄρ' ἔπειτα, ἔπος τ' ἔφατ', ἔκ τ' ὀνόμαζε·

Hélène : elle la trouve sur le haut de la tour, environnée d'une foule de Troyennes ; elle la saisit par sa robe, d'où s'exhale un parfum doux comme le nectar; et, prenant la forme d'une vieille d'un grand âge, qui, lorsqu'elle habitait encore Lacédémone, préparait pour elle des laines magnifiques, et qu'elle aimait tendrement, la divine Vénus lui adresse ces paroles :

« Venez ici ; Pâris vous invite à revenir au palais; déjà dans la chambre nuptiale, assis sur un lit magnifique, il vous attend, éclatant de beauté et de parure; vous ne diriez point qu'il revient de combattre un héros, mais qu'il se rend à un chœur de danse, ou qu'il se repose au retour d'un chœur de danse. »

Ces mots font palpiter le cœur d'Hélène jusqu'au fond de sa poitrine; mais dès qu'elle a reconnu la déesse à son cou de toute beauté, à sa gorge qui fait naître les désirs, et à ses yeux étincelants, frappée d'étonnement, elle prend la parole et s'écrie :

Αὐτὴ δὲ αὖθι	Puis elle-même ensuite
ἴε καλέουσα Ἑλένην·	allait appelant Hélène ;
ἐκίχανε δὲ τὴν	or elle rencontra elle
ἐπὶ πύργῳ ὑψηλῷ·	sur la tour élevée ;
Τρωαὶ δὲ	des Troyennes d'autre part
ἦσαν περὶ ἅλις.	étaient autour abondamment.
Ἐτίναξε δὲ χειρὶ	Or elle *la* secoua de la main
λαβοῦσα ἑανοῦ	*l'*ayant saisie par *sa* robe
νεκταρέου·	embaumée-comme-le-nectar ;
προσέειπε δέ μιν	puis elle dit à elle
εἰκυῖα γρηῒ	ressemblant à une vieille
παλαιγενέϊ,	née-depuis longtemps,
εἰροκόμῳ,	travaillant-la-laine,
ἥ ἤσκειν εἴρια καλα	qui s'exerçait sur des laines belles
οἱ ναιεταώσῃ Λακεδαίμονι,	pour elle habitant à Lacédémone,
φιλέεσκε δέ μιν μάλιστα·	or elle aimait elle surtout ;
τῇ ἐεισαμένη	à laquelle s'étant assimilée
Ἀφροδίτη δῖα προσεφώνεέ μιν·	Vénus divine disait à elle :
« Ἴθι δεῦρο· Ἀλέξανδρος καλεῖ σε	« Viens ici ; Pâris appelle toi
νέεσθαι οἰκόνδε.	pour venir à la maison.
Κεῖνος ὅγε	Celui-là lui-du-moins
ἐν θαλάμῳ	*est* dans la chambre-nuptiale,
καὶ λέχεσσι δινωτοῖσι,	et dans les lits faits-au-tour,
στίλβων κάλλεϊ τε	brillant et par la beauté
καὶ εἵμασιν·	et par les vêtements ;
οὐδέ κε φαίης τόνγε	et tu ne dirais pas lui-du-moins
ἐλθεῖν μαχησάμενον ἀνδρὶ,	être venu ayant combattu un homme,
ἀλλὰ ἔρχεσθαι χορόνδε,	mais aller à une danse,
ἠὲ καθίζειν	ou s'asseoir
λήγοντα νέον χοροῖο. »	cessant récemment une danse. »
Φάτο ὥς·	Elle dit ainsi ;
ὄρινεν δὲ ἄρα τῇ	or elle émut donc à celle-ci
θυμὸν ἐνὶ στήθεσσι.	le cœur dans la poitrine.
Καί ῥα ὡς οὖν ἐνόησε	Et certes quand donc elle aperçut
δειρὴν περικαλλέα θεᾶς,	le cou très-beau de la déesse,
στήθεά τε ἱμερόεντα,	et *sa* poitrine donnant-des-désirs,
καὶ ὄμματα μαρμαίροντα,	et *ses* yeux brillants,
θάμβησέ τε ἄρα ἔπειτα,	et elle fut saisie donc ensuite,
ἔφατό τε	et elle pensa
ἐξονόμαζέ τε ἔπος·	et elle prononça *cette* parole :

« Δαιμονίη, τί με ταῦτα λιλαίεαι ἠπεροπεύειν;
ἦ πή με προτέρω πολίων εὐναιομενάων
ἄξεις ἢ Φρυγίης, ἢ Μῃονίης ἐρατεινῆς,
εἴ τίς τοι καὶ κεῖθι φίλος μερόπων ἀνθρώπων;
Οὕνεκα δὴ νῦν δῖον Ἀλέξανδρον Μενέλαος
νικήσας ἐθέλει στυγερὴν ἐμὲ οἴκαδ' ἄγεσθαι,
τοὔνεκα δὴ νῦν δεῦρο δολοφρονέουσα παρέστης;
Ἧσο παρ' αὐτὸν ἰοῦσα, θεῶν δ' ἀπόεικε κελεύθου·
μηδ' ἔτι σοῖσι πόδεσσιν ὑποστρέψειας Ὄλυμπον,
ἀλλ' αἰεὶ περὶ κεῖνον ὀΐζυε, καί ἑ φύλασσε,
εἰσόκε σ' ἢ ἄλοχον ποιήσεται, ἢ ὅγε δούλην.
Κεῖσε δ' ἐγὼν οὐκ εἶμι (νεμεσσητὸν δέ κεν εἴη)
κείνου πορσυνέουσα λέχος· Τρωαὶ δέ μ' ὀπίσσω
πᾶσαι μωμήσονται· ἔχω δ' ἄχε' ἄκριτα θυμῷ. »
Τὴν δὲ χολωσαμένη προσεφώνεε δῖ' Ἀφροδίτη·
« Μή μ' ἔρεθε, σχετλίη, μὴ χωσαμένη σε μεθείω,
τὼς δέ σ' ἀπεχθήρω ὡς νῦν ἔκπαγλ' ἐφίλησα·

« Cruelle, pourquoi vouloir me tromper encore? Veux-tu donc m'entraîner encore plus loin, dans quelqu'une des villes populeuses, soit de la Phrygie, soit de l'aimable Méonie, où se trouve quelqu'un des mortels à la voix articulée, sur lequel tu aies reposé tes affections? Est-ce parce que Ménélas, vainqueur aujourd'hui du divin Pâris, consent à ramener dans ses foyers une épouse qui ne mérite que sa haine, que tu te présentes en ce moment devant moi, méditant quelque ruse nouvelle? Va trouver ce mortel chéri : près de lui, oublie la route du céleste séjour : que tes pieds ne foulent plus désormais les voies de l'Olympe : gémis à jamais à ses côtés, et ne le quitte point qu'il n'ait fait de toi son épouse, ou du moins son esclave. Pour moi, je n'irai point (loin de moi une conduite si indigne!) préparer et partager sa couche; non; toutes les Troyennes me mépriseraient trop, et déjà d'assez amers chagrins déchirent mon cœur. »

La divine Vénus lui répondit d'une voix courroucée : « Ne m'irrite pas, misérable; crains que je ne t'abandonne dans ma colère, et que je ne te haïsse autant que je t'ai aimée jusqu'ici avec fureur; crains

« Δαιμονίη,	« Cruelle,
τί λιλαίεαι	pourquoi désires-tu
ἠπεροπεύειν με ταῦτα;	tromper moi *quant à* ces-choses?
ἦ ἄξεις με	est-ce que tu mèneras moi
πῆ προτέρω	quelque part plus avant
πολίων εὐναιομενάων	des villes bien-habitées
ἢ Φρυγίης	ou de la Phrygie
ἢ Μῃονίης ἐρατεινῆς,	ou de la Méonie aimable,
εἴ τις ἀνθρώπων	si quelqu'un des hommes
μερόπων	ayant-en-partage-la-voix
καὶ κεῖθι φίλος τοι;	*est* là aussi ami à toi?
Οὕνεκα νῦν δὴ Μενέλαος	Parce que maintenant certes Ménélas
νικήσας Ἀλέξανδρον δῖον	ayant vaincu Pâris divin
ἐθέλει ἄγεσθαι οἴκαδε ἐμὲ στυγερὴν,	veut emmener chez-lui moi odieuse,
τοὔνεκα νῦν δὴ	à cause de cela maintenant certes
παρέστης δεῦρο	t'es-tu présentée ici
δολοφρονέουσα;	méditant-des-ruses-perfides?
Ἰοῦσα ἧσο παρὰ αὐτὸν,	Allant assieds-toi près de lui,
ἀπόεικε δὲ κελεύθου θεῶν·	et éloigne-toi du chemin des dieux;
μηδὲ ἔτι ὑποστρέψειας	et ne retourne plus
Ὄλυμπον	à l'Olympe
σοῖσι πόδεσσιν,	avec tes pieds,
ἀλλὰ ὀϊζυε αἰεὶ	mais lamente-toi toujours
περὶ κεῖνον,	autour de celui-là
καὶ φύλασσέ ἑ,	et garde lui,
εἰσόκε ὅγε ποιήσεταί σε	jusqu'à ce que lui-du-moins fera toi
ἢ ἄλοχον ἢ δούλην.	ou épouse ou esclave.
Ἐγὼν δὲ οὐκ εἶμι κεῖσε	Mais moi je n'irai pas là
(εἴη δέ κεν νεμεσσητὸν)	(or ce serait chose blâmable)
πορσυνέουσα λέχος κείνου·	devant préparer le lit de celui-là;
Τρωαὶ δὲ ὀπίσσω	les Troyennes d'ailleurs ensuite
πᾶσαι μωμήσονταί με·	toutes blâmeront moi;
ἔχω δὲ ἄχεα ἄκριτα θυμῷ. »	or j'ai des douleurs infinies au cœur. »
Ἀφροδίτη δὲ δῖα	Vénus la divine alors
χολωσαμένη προσεφώνεε τήν·	s'étant irritée disait à elle :
« Μή ἔρεθέ με, σχετλίη,	« N'irrite pas moi, misérable;
μὴ χωσαμένη	de peur que m'étant fâchée
μεθείω σε,	je n'abandonne toi,
ἀπεχθήρω δέ σε τὼς,	et ne haïsse toi ainsi,
ὡς νῦν ἐφίλησα	comme maintenant je *t*'ai aimé

μέσσῳ δ' ἀμφοτέρων μητίσομαι ἔχθεα λυγρά,
Τρώων καὶ Δαναῶν, σὺ δέ κεν κακὸν οἶτον ὄληαι. »
Ὣς ἔφατ'· ἔδδεισεν δ' Ἑλένη, Διὸς ἐκγεγαυῖα·
βῆ δὲ κατασχομένη ἑανῷ ἀργῆτι φαεινῷ,
σιγῇ· πάσας δὲ Τρωὰς λάθεν· ἦρχε δὲ δαίμων.
Αἱ δ' ὅτ' Ἀλεξάνδροιο δόμον περικαλλέ' ἵκοντο,
ἀμφίπολοι μὲν ἔπειτα θοῶς ἐπὶ ἔργα τράποντο,
ἡ δ' εἰς ὑψόροφον θάλαμον κίε δῖα γυναικῶν.
Τῇ δ' ἄρα δίφρον ἑλοῦσα φιλομμειδὴς Ἀφροδίτη,
ἀντί' Ἀλεξάνδροιο θεὰ κατέθηκε φέρουσα·
ἔνθα κάθιζ' Ἑλένη, κούρη Διὸς αἰγιόχοιο,
ὄσσε πάλιν κλίνασα, πόσιν δ' ἠνίπαπε μύθῳ·
« Ἤλυθες ἐκ πολέμου· ὡς ὤφελες αὐτόθ' ὀλέσθαι,
ἀνδρὶ δαμεὶς κρατερῷ, ὃς ἐμὸς πρότερος πόσις ἦεν!
Ἦ μὲν δὴ πρίν γ' εὔχε' Ἀρηϊφίλου Μενελάου
σῇ τε βίῃ καὶ χερσὶ καὶ ἔγχεϊ φέρτερος εἶναι·

que je ne suscite des haines terribles entre les deux peuples, entre les Troyens et les fils de Danaüs, et que toi-même tu ne périsses d'une mort cruelle. »

Ces paroles firent frissonner Hélène, issue de Jupiter; s'étant enveloppée d'un voile d'une éclatante blancheur, elle marcha en silence, et passa inaperçue au milieu des Troyennes; la déesse guidait ses pas

Elles arrivèrent bientôt au superbe palais de Pâris ; là, pendant que ses suivantes se hâtent de retourner à leurs ouvrages, Hélène, la plus divine des femmes, monte à la chambre nuptiale au toît élevé. Vénus, la déesse aux doux sourires, prend un siége, le porte elle-même de ses mains divines, le place en face de Pâris, et y fait asseoir Hélène, fille de Jupiter, du Dieu qui tient l'égide. Détournant alors ses yeux, Hélène adresse à son amant d'amers reproches :

« Te voici donc de retour du combat! Plût au ciel que tu y eusses trouvé la mort des mains du vaillant héros à qui le premier je donnai le nom d'époux! Ah! tu te vantais auparavant de l'emporter sur Ménélas, ce héros cher à Mars, et par ta force, et par ton bras, et

ἔκπαγλα,	d'une-manière-frappante,
μητίσομαι δὲ ἔχθεα λυγρὰ	et que je ne médite des haines tristes
μέσσῳ ἀμφοτέρων	au milieu des deux *partis*,
Τρώων καὶ Δαναῶν,	des Troyens et des Achéens,
σὺ δέ κεν ὄληαι	et que toi tu ne périsses
οἶτον κακόν. »	d'une mort mauvaise. »
Ἔφατο ὥς·	Elle dit ainsi;
Ἑλένη δὲ, ἐκγεγαυῖα Διὸς,	et Hélène, née de Jupiter,
ἔδδεισε·	craignit;
βῆ δὲ κατασχομένη	or elle marcha s'étant couverte
ἑανῷ ἀργῆτι φαεινῷ,	d'un voile blanc brillant,
σιγῇ·	en silence;
λάθε δὲ πάσας Τρῳάς·	or elle fut cachée à toutes Troyennes;
δαίμων δὲ ἦρχεν.	la déesse d'autre part précédait.
Αἱ δὲ ὅτε ἵκοντο	Or elles quand elles vinrent
δόμον περικαλλέα Ἀλεξάνδροιο,	à la maison très-belle de Pâris,
ἀμφίπολοι μὲν ἔπειτα	les servantes à la vérité ensuite
τράποντο θοῶς ἐπὶ ἔργα,	se tournèrent vite à *leurs* ouvrages,
ἡ δὲ δῖα γυναικῶν	mais elle, divine entre les femmes,
κίεν εἰς θάλαμον	allait à la chambre-nuptiale
ὑψόροφον.	au-toit-élevé.
Ἀφροδίτη δὲ ἄρα φιλομμειδὴς	Or donc Vénus aimant-les-sourires
ἑλοῦσα τῇ δίφρον,	ayant pris pour elle un siége,
θεὰ φέρουσα	*quoique* déesse, *le* portant,
κατέθηκεν ἀντία Ἀλεξάνδροιο·	*le* déposa en face de Pâris;
Ἑλένη κούρη Διὸς αἰγιόχοιο,	Hélène fille de Jupiter ayant-égide,
κάθιζεν ἔνθα,	s'asseyait là,
κλίνασα ὄσσε πάλιν,	ayant tourné les yeux en arrière,
ἠνίπαπε δὲ πόσιν	et elle gourmandait *son* époux
μύθῳ·	par des mots :
« Ἤλυθες ἐκ πολέμου·	« Tu es venu de la guerre;
ὡς ὤφελες ὀλέσθαι αὐτόθι,	comme tu aurais dû périr là-même,
δαμεὶς ἀνδρὶ κρατερῷ,	dompté par un homme fort,
ὃς ἦεν ἐμὸς πόσις πρότερος!	qui fut mon époux premier!
Ἦ μὲν δὴ	Certes d'une part donc
εὔχεο πρίν γε	tu te vantais avant du moins
εἶναι φέρτερος	d'être plus excellent
σῇ τε βίῃ καὶ χερσὶ	et par la force et par ta main
καὶ ἔγχεϊ	et par la lance
Μενελάου Ἀρηϊφίλου·	que Ménélas cher-à-Mars;

ἀλλ' ἴθι νῦν προκάλεσσαι Ἀρηΐφιλον Μενέλαον,
ἐξαῦτις μαχέσασθαι ἐναντίον· ἀλλά σ' ἔγωγε
παύσασθαι κέλομαι, μηδὲ ξανθῷ Μενελάῳ
ἀντίβιον πόλεμον πολεμίζειν ἠδὲ μάχεσθαι
ἀφραδέως, μήπως τάχ' ὑπ' αὐτοῦ δουρὶ δαμείης. »
Τὴν δὲ Πάρις μύθοισιν ἀμειβόμενος προσέειπε·
« Μή με, γύναι, χαλεποῖσιν ὀνείδεσι θυμὸν ἔνιπτε·
νῦν μὲν γὰρ Μενέλαος ἐνίκησεν σὺν Ἀθήνῃ·
κεῖνον δ' αὖτις ἐγώ· παρὰ γὰρ θεοί εἰσι καὶ ἡμῖν.
Ἀλλ' ἄγε δὴ φιλότητι τραπείομεν εὐνηθέντε.
Οὐ γάρ πώποτέ μ' ὧδε ἔρως φρένας ἀμφεκάλυψεν·
οὐδ' ὅτε σε πρῶτον Λακεδαίμονος ἐξ ἐρατεινῆς
ἔπλεον ἁρπάξας ἐν ποντοπόροισι νέεσσι,
νήσῳ δ' ἐν Κρανάῃ [1] ἐμίγην φιλότητι καὶ εὐνῇ,
ὥς σεο νῦν ἔραμαι, καί με γλυκὺς ἵμερος αἱρεῖ. »
Ἦ ῥα, καὶ ἄρχε λέχοσδε κιών· ἅμα δ' εἵπετ' ἄκοιτις·
τὼ μὲν ἄρ' ἐν τρητοῖσι κατεύνασθεν λεχέεσσιν.

par la lance ; va donc maintenant provoquer Ménélas, cher à Mars, à se mesurer de nouveau avec un adversaire tel que toi ! Mais non, cesse plutôt, je te l'ordonne, et ne va point follement lutter contre le blond Ménélas, et engager avec lui un combat terrible, de peur que tu ne sois promptement abattu par sa lance. »

Pâris lui répondit : « Femme, épargne à mon âme de cruels reproches : si Ménélas est vainqueur en ce moment, c'est avec l'aide de Minerve ; une autre fois j'aurai mon tour; car nous aussi, nous avons des Dieux pour nous. Mais allons, rassasions-nous de plaisir sur cette couche ; car jamais l'amour ne s'empara si vivement de mon âme, pas même quand pour la première fois, ravisseur heureux, je t'entraînai loin de l'aimable Lacédémone sur mes vaisseaux à la course rapide, et que, dans l'île de Cranaé, nous nous unîmes amoureusement sur une couche charmante; non jamais je ne t'aimai comme en cet instant ; jamais désir si doux ne captiva mon cœur. »

Il dit, et le premier se dirige vers la couche ; son amante le suit, et tous deux se livrent au repos sur le lit sculpté avec art.

ἀλλὰ ἴθι νῦν προκάλεσσαι	mais va maintenant appeler
Μενέλαον Ἀρηΐφιλον,	Ménélas cher-à-Mars,
μαχήσασθαι ἐξαῦτις	pour combattre de nouveau
ἐναντίον·	en face *de lui ;*
ἀλλὰ ἔγωγε	mais moi-du-moins
κέλομαί σε παύσασθαι,	j'ordonne toi cesser,
μηδὲ πολεμίζειν	et ne pas guerroyer
Μενελάῳ ξανθῷ	contre Ménélas blond
πόλεμον ἀντίβιον,	une guerre opposée *à lui,*
ἠδὲ μάχεσθαι ἀφραδέως,	et combattre follement
μήπως δαμείης τάχα	de peur que tu n'aies été dompté vite
δουρὶ ὑπὸ αὐτοῦ. »	par la lance par lui. »
Πάρις δὲ προσέειπε τὴν,	Pâris dit à elle alors
ἀμειβόμενος μύθοισι·	répondant par des paroles :
« Γύναι, μὴ ἔνιπτέ με	« Femme, ne gourmande pas moi
θυμὸν	*quant à l'*âme
ὀνείδεσι χαλεποῖσι·	par des reproches pénibles.
Μενέλαος γὰρ νῦν μὲν	Car Ménélas maintenant d'une part
ἐνίκησε σὺν Ἀθήνῃ·	a vaincu avec Minerve ;
ἐγὼ δὲ αὖτις κεῖνον·	moi d'autre part à mon tour lui ;
θεοὶ γάρ εἰσι καὶ παρὰ ἡμῖν.	car des dieux sont aussi près de nous.
Ἀλλὰ ἄγε δή, εὐνηθέντε	Mais allons certes, nous étant couchés
τραπείομεν φιλότητι.	rassasions-nous d'amour.
Οὐ γάρ πώποτε ἔρως	Car jamais-encore l'amour
ἀμφεκάλυψέ με ὧδε φρένας·	*n'*enveloppa moi ainsi *quant à l'*âme;
οὐδὲ ὅτε πρῶτον	pas même quand d'abord
ἁρπάξας σε ἔπλεον	ayant enlevé toi je naviguais
ἐκ Λακεδαίμονος ἐρατεινῆς	de Lacédémone l'aimable
ἐν νέεσσι ποντοπόροισιν,	dans des vaisseaux passant-la-mer,
ἐμίγην δὲ	et *que* je fus uni *à toi*
φιλότητι καὶ εὐνῇ	d'amour et de couche
ἐν νήσῳ Κρανάῃ,	dans l'île *de* Cranaé,
ὡς νῦν ἔραμαι σέο	comme maintenant j'aime toi
καὶ ἵμερος γλυκὺς αἱρεῖ με. »	et un désir doux prend moi.
Ἦ ῥα,	Il dit donc,
καὶ ἄρχε κιὼν λέχοσδε·	et il précédait allant vers le lit;
ἄκοιτις δὲ εἵπετο ἅμα·	or *son* épouse suivait en même temps;
τὼ μὲν ἄρα	tous deux d'une part donc
κατεύνασθεν	se couchèrent
ἐν λεχέεσι τρητοῖσιν.	dans les lits sculptés.

Ἀτρείδης δ' ἂν' ὅμιλον ἐφοίτα, θηρὶ ἐοικὼς,
εἴ που ἐσαθρήσειεν Ἀλέξανδρον θεοειδέα.
Ἀλλ' οὔτις δύνατο Τρώων κλειτῶν τ' ἐπικούρων
δεῖξαι Ἀλέξανδρον τότ' Ἀρηϊφίλῳ Μενελάῳ.
Οὐ μὲν γὰρ φιλότητί γ' ἐκεύθανον, εἴ τις ἴδοιτο·
ἶσον γάρ σφιν πᾶσιν ἀπήχθετο Κηρὶ μελαίνῃ.
Τοῖσι δὲ καὶ μετέειπεν ἄναξ ἀνδρῶν Ἀγαμέμνων·
« Κέκλυτέ μευ, Τρῶες καὶ Δάρδανοι ἠδ' ἐπίκουροι·
νίκη μὲν δὴ φαίνετ' Ἀρηϊφίλου Μενελάου·
ὑμεῖς δ' Ἀργείην Ἑλένην καὶ κτήμαθ' ἅμ' αὐτῇ
ἔκδοτε, καὶ τιμὴν ἀποτινέμεν, ἥντιν' ἔοικεν,
ἥτε καὶ ἐσσομένοισι μετ' ἀνθρώποισι πέληται. »
Ὣς ἔφατ' Ἀτρείδης· ἐπὶ δ' ᾔνεον ἄλλοι Ἀχαιοί.

Cependant le fils d'Atrée, semblable à une bête fauve, courait çà et là, cherchant à découvrir à travers la foule Pâris aux formes divines. Mais nul, ni des Troyens, ni de leurs illustres auxiliaires, ne put alors indiquer Pâris à Ménélas, ce héros si cher à Mars. Et pourtant, nul ne l'eût caché par affection, s'il l'eût aperçu; car tous le haïssaient à l'égal de la sombre Parque. Le roi des hommes, Agamemnon, fit alors entendre ces paroles :

« Écoutez-moi, Troyens, Dardaniens et alliés : la victoire de Ménélas cher à Mars est évidente; rendez donc Hélène l'Argienne, et avec elle tous ses trésors, et payez une amende convenable, dont le souvenir passe à la dernière postérité. »

Ainsi parla le fils d'Atrée; et tous les Achéens applaudirent.

Ἀτρείδης δὲ	Le fils-d'Atrée d'autre part
ἐφοίτα ἀνὰ ὅμιλον,	allait à travers la foule,
ἐοικὼς θηρὶ,	ressemblant à une bête-féroce,
εἴ ἐσαθρήσειέ που	*pour voir* s'il aurait vu quelque part
Ἀλέξανδρον θεοειδέα.	Pâris à-forme-divine;
Ἀλλὰ οὔτις Τρώων	mais pas-un des Troyens
ἐπικούρων τε κλειτῶν	et des auxiliaires illustres
δύνατο τότε	*ne* pouvait alors
δεῖξαι Ἀλέξανδρον	montrer Pâris
Μενελάῳ Ἀρηϊφίλῳ.	à Ménélas cher-à-Mars.
Οὐ μὲν γὰρ ἐκεύθανον	Car certes ils ne *le* cachaient pas
φιλότητί γε,	par amitié du moins,
εἴ τις ἴδοιτο·	si quelqu'un *l'*eût vu;
ἀπήχθετο γάρ σφιν πᾶσιν	car il était haï par eux tous
ἶσον Κηρὶ μελαίνῃ	à-l'égal-de la Parque noire.
Ἀγαμέμνων δὲ ἄναξ ἀνδρῶν	Or Agamemnon roi des hommes
καὶ μετέειπε τοῖσι·	aussi dit-parmi eux :
« Κέκλυτέ μευ,	« Entendez-moi,
Τρῶες καὶ Δάρδανοι	Troyens et Dardaniens
ἠδὲ ἐπίκουροι·	et auxiliaires :
νίκη μὲν δὴ φαίνεται	la victoire certes est-évidemment
Μενελάου Ἀρηϊφίλου·	de (à) Ménélas cher-à-Mars;
ὑμεῖς δὲ ἔκδοτε	vous donc rendez
Ἑλένην Ἀργείην	Hélène l'Argienne
καὶ κτήματα ἅμα αὐτῇ,	et *ses* possessions avec elle,
καὶ ἀποτινέμεν τιμὴν,	et payez l'amende,
ἥντινα ἔοικεν,	laquelle il semble-bon,
ἥτε πέληται	et laquelle puisse-exister
καὶ μετὰ ἀνθρώποισιν	même chez les hommes
ἐσσομένοισιν. »	devant être.
Ἀτρείδης ἔφατο ὥς·	Le fils-d'Atrée dit ainsi;
ἄλλοι δὲ Ἀχαιοὶ ἐπῄνεον.	or les autres Achéens *l'en* louaient.

NOTES

SUR LE TROISIÈME CHANT DE L'ILIADE.

Page 2 : 1. Ἀνδράσι Πυγμαίοισι. Les Pygmées, peuple fabuleux dont le nom a fait dire qu'ils n'avaient pas plus d'une coudée de haut. On suppose que cette nation, qui, dans l'opinion des Grecs, avait habité la Thrace, n'est autre que celle des Péchiniens, en Éthiopie, dont le nom a aussi quelque analogie avec celui des Pygmées, et qui étaient d'une petite taille. Les grues se retirant tous les hivers dans leur pays, ce peuple s'assemblait pour leur faire peur et les empêcher de séjourner dans leurs champs. De là cette comparaison d'Homère.

Page 8 : 1. Λάϊνον ἕσσο χιτῶνα. Allusion au supplice de la lapidation fort en usage chez les anciens. D'autres supposent que λάϊνον χιτῶνα n'est qu'une périphrase pour exprimer tout simplement *tombeau*. On sait que les Grecs construisaient leurs tombeaux en pierre.

Page 16 : 1. Ἶρις. Iris, messagère des dieux et en particulier de Junon. Pausanias fait dériver son nom de ἔρις, *discorde*, parce que Iris portait les messages de guerre, comme Mercure, les messages de paix.

Page 20 : 1. Σκαιῇσι πύλῃσι. Les portes de la ville de Troie, près desquelles se trouvait le tombeau de Laomédon.

Page 24 : 1. Λαοὺς Ὀτρῆος καὶ Μύγδονος. Otrée, roi des Phrygiens, fils de Cissée ; frère de Mygdon et d'Hécube, et père de Panthée.

— 2. Σαγγαρίοιο. Le Sangarius, fleuve de Phrygie, qui se jette par la Bithynie dans le Pont-Euxin.

Page 26 : 1. Ἀμαζόνες. Peuple de femmes. Les auteurs ne sont pas d'accord sur le pays qu'elles habitaient. On a prétendu que les Scythes venus des Palus-Méotides et faisant des incursions dans l'Asie-Mineure, ont donné lieu à cette fable. Comme tous les peuples nomades, ils emmenaient à la guerre leurs enfants et leurs femmes ; et, comme celles-ci se distinguaient par leur acharnement dans la mêlée, l'imagination des Grecs en a fait une nation de femmes chez lesquelles les hommes étaient chargés des soins domestiques, tandis que leurs épouses vaquaient aux affaires publiques et aux soins de la guerre.

Page 32 : 1. Κάστορα... Πολυδεύκεα. Castor et Pollux, tous deux fils de Tyndare et de Léda selon Homère, étaient, par leur mère, frères d'Hélène, fille de Jupiter et de Léda.

Page 42 : 1. Λυκάονος. Lycaon, fils de Priam et de Laothoé, pris par Achille, vendu à Lemnos, fut racheté par Létion, revint à Troie et retomba entre les mains d'Achille, qui le tua.

Page 56 : 1. Κρανάῃ. Cranaé, aujourd'hui Macronisi, à peu de distance du cap Sunium (Capo Colone).

On prétend que son nom lui vint de la nature et de l'aspect sauvage de son sol. Strabon dit que dans la suite elle fut appelée Hélène en mémoire de l'union d'Hélène et de Pâris.

www.ingramcontent.com/pod-product-compliance
Lightning Source LLC
LaVergne TN
LVHW022025080426
835513LV00009B/879

* 9 7 8 2 0 1 2 1 7 8 9 1 5 *